冬の旅

ザンスカール、最果ての谷へ

文・写真
山本高樹

Winter Journey

十一年前の、冬の記憶。

口から洩れたとたん、襟元で凍りつく吐息。ラバーブーツの靴底の下で、ミシッ、パリッ、と氷が軋る。氷の中で時を止めた、無数のあぶく。手袋の中で、指先が、鈍く、冷たく、しびれていく。

頬を裂く風。雪。吹雪。足に、身体に、重く、ねっとりとまとわりつく。

岩と雪と氷の世界を、ただ、歩き続ける。

対岸に佇む、アイベックスの群れ。雪豹の足跡。彼の獲物が、雪の上に遺した血の痕。

洞窟に辿り着く。岩肌にこびりついた煤。パチッ、と薪から火の粉が爆ぜる。ちらちらと吹き込む雪。唇を焼くチャイの熱さが、わずかに身体を温める。

風の咆哮。闇を照らす月。何もかもが、凍りつく夜。

——すべては、遠い過去のできごとだった。自分があの世界に戻ることは、もうない。しばらく前までは、そう思っていた。

ヒマラヤ山脈の西の外れに、ザンスカールと呼ばれる土地がある。

そこはかつて、二つの小さな王家のもとで、チベット仏教を信仰する人々が暮らしていた、ささやかな王国だった。今は、国としてはインドに属していて、ユニオン・テリトリー(連邦直轄領)の一部となっている。一帯の平均標高は、約三千五百メートル。峻険な山々の狭間に、村や集落がぽつぽつと点在している。

ザンスカールでは一年を通じて、雨はあまり降らない。強烈な陽射しが照りつける夏の間、大地は砂漠のように干からびる。しかし、冬の寒さはとても厳しく、マイナス二十度を下回ることも珍しくない。外界との間を結ぶ峠道もすべて雪で塞がり、行き来できなくなってしまう。ところが、寒さがもっとも厳しくなる一月上旬から二月下旬頃までの間だけ、外界との間をつなぐ「幻の道」が現れる。隣接するラダック地方へと流れ出るザンスカール川が凍結し、氷の上を歩いて行き来できるようになるのだ。凍った川の上に現れるこの幻の道を、ザンスカールの人々は「チャダル」と呼ぶ。

十一年前の冬、僕はこのチャダルを辿って、ザンスカールを旅した。その頃の僕は、ラダックを拠点に約一年半を費やして、ラダックとザンスカールについての本を書くための取材に取り組んでいた。村で畑仕事を手伝い、僧院の祭礼に密着し、遊牧民のテントをトレッキングで訪ねた。春夏秋冬を通じて、この土地で起こるできごとすべてを見届ける。チャダルを歩いて冬のザンスカールを旅することも、当時の僕にとっては果たすべき目標の一つだった。

いくつもの出会いと幸運に恵まれて、僕はラダックとザンスカールでの取材を終え、一冊の本を書き上げた。この土地で、やるべきことはすべてやった。冬のザンスカールでも、自分にできることはやり尽くしたはずだ。少なくとも、本を書き上げた直後はそう思っていた。

でも、本当はそうではないと、薄々わかっていた。

十一年前のチャダルの旅で、僕は、冬のザンスカールの入口まで行っただけに過ぎなかったのではないだろうか。入口からほんの少し中をのぞき込んで、すぐに引き返してきただけだったのではないか。氷の川の上を歩くという行為に気を取られすぎて、冬のザンスカールとそこで暮らす人々について、本当の意味では何も理解できていなかったのではないか……。そうした思いは、本を書き終えてからもずっと、くすぶり続けていた。

それからしばらくたって、たぶん、数年前くらいからだろうか。ふとした発見と思いつきから、一つの突拍子もない計画が浮かんできて、頭から離れなくなった。

ザンスカールの中心地パドゥムの南東に、ルンナクと呼ばれる渓谷地帯がある。ルンナク川が削り出した急峻な谷間に小さな集落が散在している、ザンスカールでもひときわ奥深い場所だ。夏の間は、川沿いにあるデコボコの未舗装路を車で行き来できるが、冬は頻発する雪崩で道路が寸断されるため、深い雪の中を歩いて訪れるしかない。

ルンナクの最深部、ツァラプ川のほとりには、十五世紀頃に建てられたチベット仏教の古刹《こさつ》、プクタル・ゴンパがある。この僧院では真冬のさなかに、プクタル・グストルと呼ばれる祭礼が行われる。チベット暦に合わせて日取りが決められるこの行事は、太陽暦では二月下旬に催される場合がほとんどだ。その時期には、チャダルの氷が解けてしまう可能性が高いので、外部から祭礼を見に訪れるのは難しい。だから、プクタル・グストルがどんな祭礼なのか、一般にはいまだにほとんど知られていない。

ところが、何年か分のチベット暦の日付をあらためて調べてみると、ある年だけ、二月初旬にプクタル・グストルの開催日が来ることがわかった。二月初旬なら、チャダルを辿ってザンスカールに行き、ルンナクを抜け、プクタル・ゴンパで祭礼の一部始終を見届けてから、同じ行程を引き返しても、チャダルの氷が解ける前にザンスカールからラダックに戻ることができる。往復でおそらく四週間はかかるが、計算上はけっして不可能ではない。

真冬のザンスカールを歩いて縦断し、プクタルの祭礼を見に行く。ザンスカール出身の人間でも思いつかないような、酔狂としか言いようのない計画だ。自分が今まで経験してきた中でも、もっとも困難な旅になるのは間違いない。でも、この計画をやり遂げれば、プクタルの祭礼だけでなく、ルンナクを含めた冬のザンスカールの本来の姿を、これ以上ないほどしっかりと見届けることができるはずだ。そして、現地の言葉を使いながらそうした取材を実行できるのは、おそらく自分しかいない。

やらなければならないし、やるべきだし、何より、やってみたい、と思った。十一年前に経験したあの世界に戻ると想像しただけで、両手のひらに、チリチリとしびれるような緊張を感じる。怖くない、といえば嘘になる。家族に余計な心配をかけたくない、という迷いもある。でも、あきらめてしまったら、きっと後悔する。

行こう。行くしかない。

年が明けた頃、僕は防寒装備をぎっしり詰めた大小二つのダッフルバッグとカメラザックを背負い、それらの重さによろよろしながら、家を出た。まずは、インドの首都デリー。そこからラダックの中心地、レーへ。

冬の旅が、始まった。

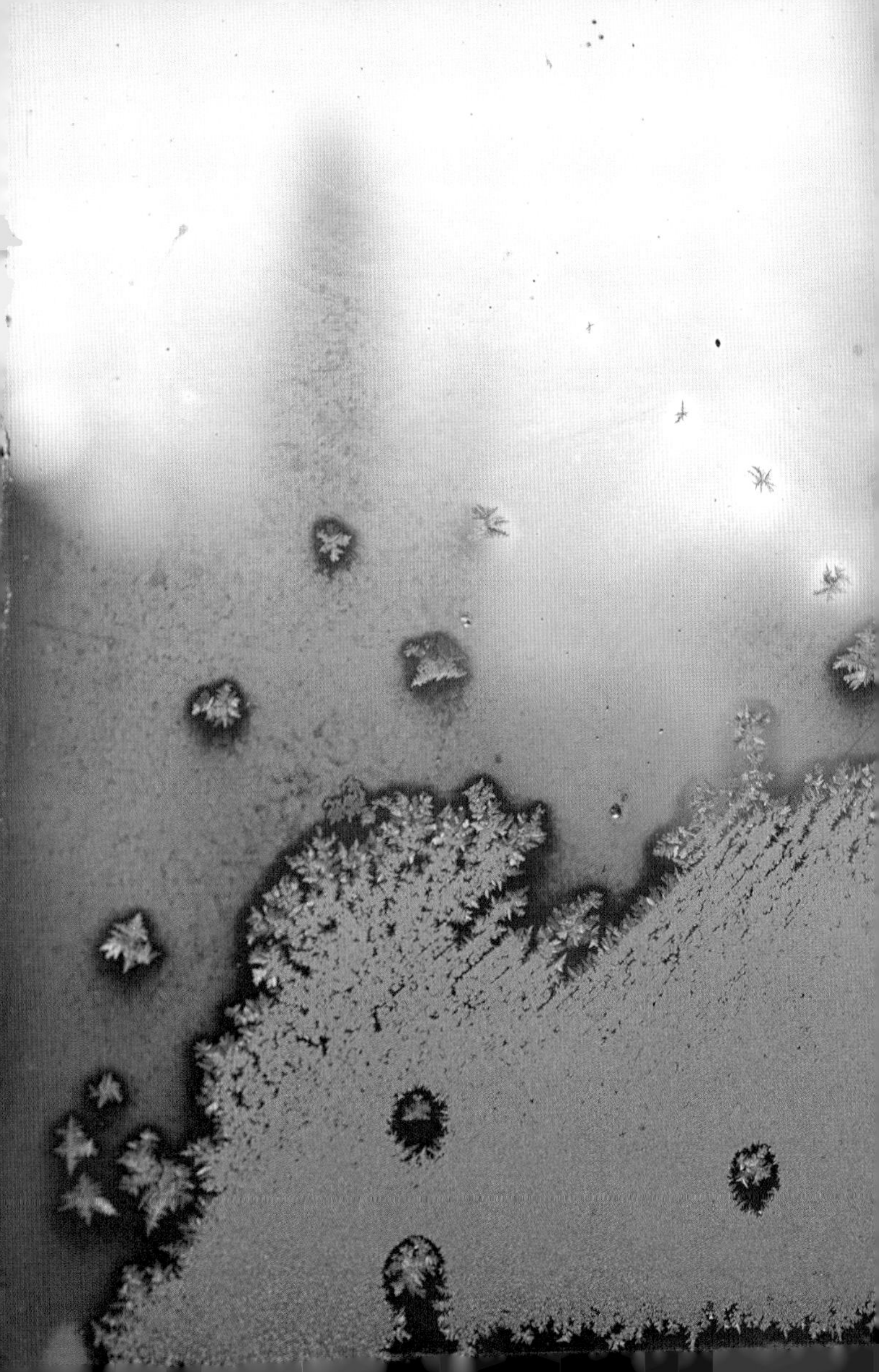

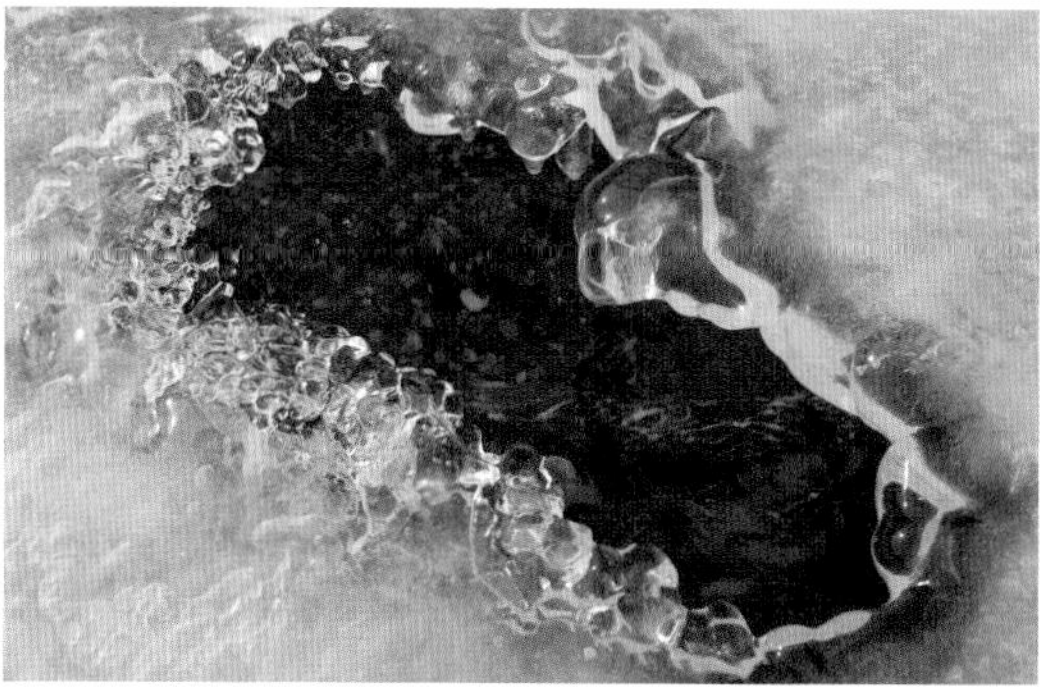

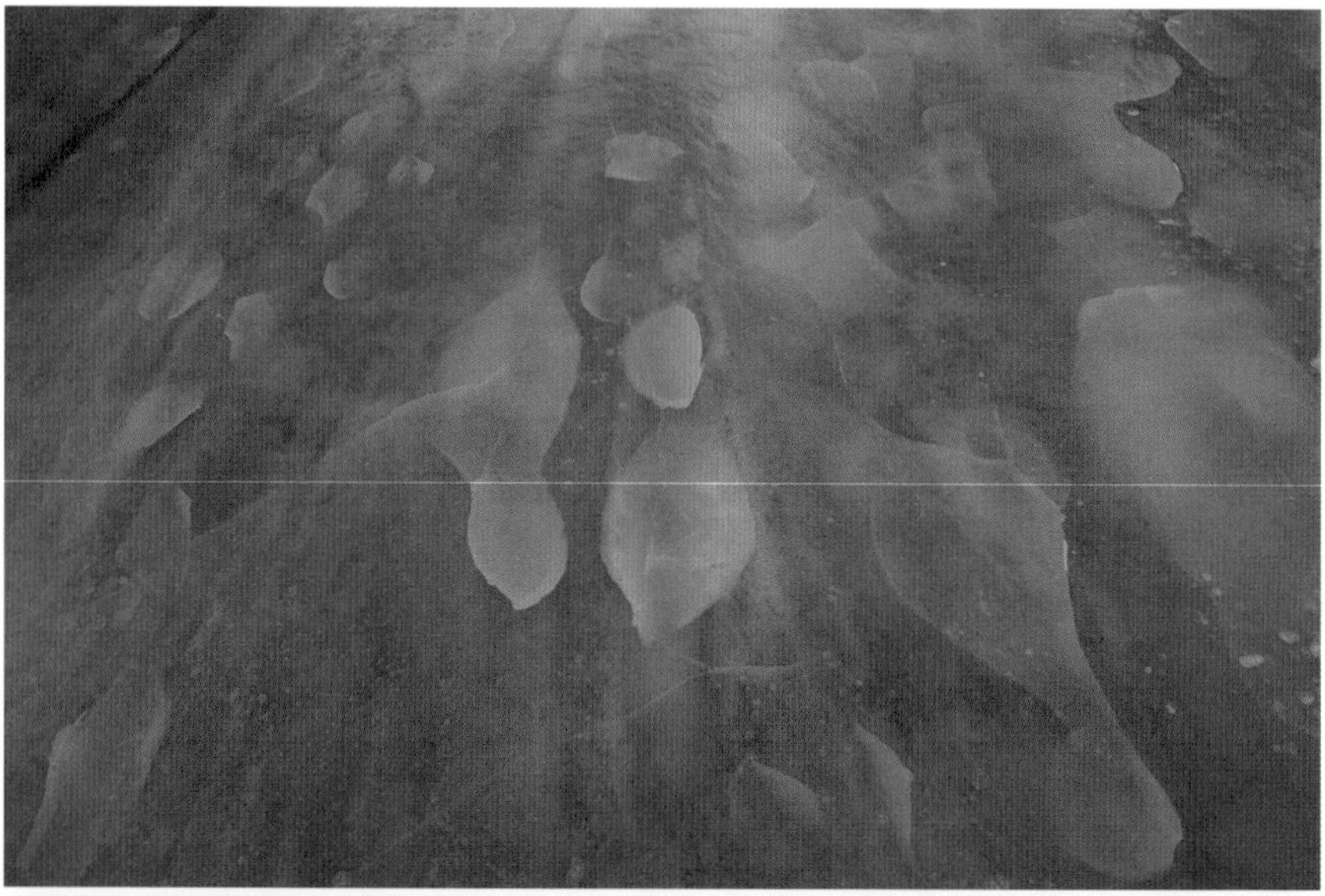

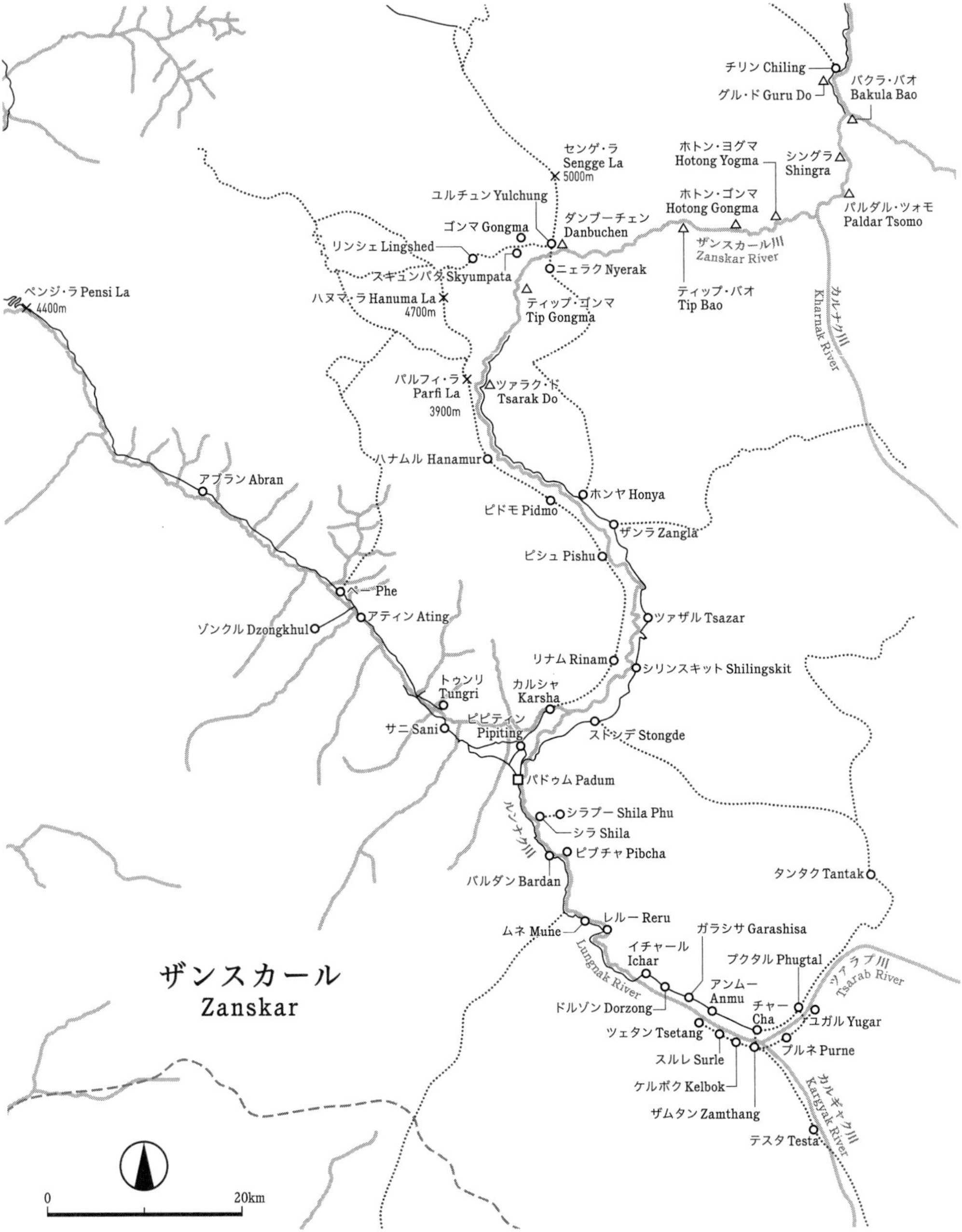
ザンスカール
Zanskar
チリン Chiling
グル・ド Guru Do
バクラ・バオ
Bakula Bao
シングラ
Shingra
パルダル・ツォモ
Paldar Tsomo
ホトン・ヨグマ
Hotong Yogma
ホトン・ゴンマ
Hotong Gongma
ザンスカール川
Zanskar River
ティップ・バオ
Tip Bao
カルナク川
Kharnak River
センゲ・ラ
Sengge La
5000m
ユルチュン Yulchung
ダンブーチェン
Danbuchen
ゴンマ Gongma
リンシェ Lingshed
スキュンパタ Skyumpata
ニェラク Nyerak
ハヌマ・ラ Hanuma La
4700m
ティップ・ゴンマ
Tip Gongma
ペンジ・ラ Pensi La
4400m
パルフィ・ラ
Parfi La
3900m
ツァラク・ド
Tsarak Do
ハナムル Hanamur
アブラン Abran
ホンヤ Honya
ピドモ Pidmo
ザンラ Zangla
ピシュ Pishu
ペー Phe
アティン Ating
ゾンクル Dzongkhul
ツァザル Tsazar
リナム Rinam
シリンスキット Shilingskit
トゥンリ
Tungri
カルシャ
Karsha
ピピティン
Pipiting
サニ Sani
ストンデ Stongde
パドゥム Padum
ルンナク川
シラプー Shila Phu
シラ Shila
ピブチャ Pibcha
バルダン Bardan
タンタク Tantak
ムネ Mune
レルー Reru
ガラシサ Garashisa
Lungnak River
イチャール
Ichar
プクタル Phugtal
ツァラプ川
Tsarab River
アンムー
Anmu
ドルゾン Dorzong
チャー
Cha
ユガル Yugar
ツェタン Tsetang
プルネ Purne
スルレ Surle
ケルボク Kelbok
ザムタン Zamthang
カルギャク川
Kargyak River
テスタ Testa
0
20km

Contents

第一章　ザオ・ニンパ

Dzao Nyingpa

一月十三日

インディラ・ガンディー国際空港、午前九時。僕の乗る飛行機は、搭乗開始までに二時間、搭乗してからも一時間、すでに遅れていて、ようやく滑走路へと動きはじめたところだった。冬のこの時期、デリーとレーの間を結ぶ路線で、悪天候による遅延はしょっちゅうある。欠航にならなかっただけでも、まだましな方だった。

通路側の席にいる僕の左隣の二つの席には、四、五歳くらいのラダック人の男の子と、その父親が座っている。男の子は短い丸刈り頭をぴたりと窓につけ、目を見開いて、空港の景色を眺めている。二人は最初、通路を挟んで反対側の並びにいたのだが、別の客のいる窓際の席に座りたいと男の子がむずかっていたので、「ノノ、イカヨン（坊や、こっちにおいで）」と、僕の左隣で空いていた席二つに案内してあげたのだった。

「ニェラン、カネイン（あんた、どこから来た）？」男の子の父親が、僕に訊く。白髪混じりの短髪に小ぶりな眼鏡をかけた、柔和な雰囲気の男だ。男の子とよく似ている。

「日本です。あなたがたは？」

「ヌブラ。スムルの村だよ」

「レーからヌブラに戻るんですか？　途中の峠には今、雪がたくさん積もってますよね？」

「大丈夫だよ。待っていれば、軍が除雪してくれるから。君は、ラダックに何回も来てるんだな」

「そうですね、何度か」

「言葉は、誰に教わったんだ？」

「昔、ラダック語の上手な日本の友人がいて、彼に教わりました」

拙いながらもラダック語でそんなやりとりをしていると、パチン、パチンと、自分の中でスイッチが一つずつ切り替わっていくように感じる。日本にいる時とも、ほかのどの土地に行く時とも、違う感覚。懐かしいような、力が抜けて、ふっと楽になるような。

ジェット・エンジンの音がひときわ甲高く轟き、グッと加速すると、機体はふわりと浮かび上がった。斜めに傾いだ大地が遠ざかっていく。窓に額をつけたまま、「わぁ」と歓声を上げる男の子。彼にとって、飛行機でレーとデリーの間を往復するのは、初めての経験なのかもしれない。

僕は……何度目になるだろう。どうして何度も、ここに戻ってくるのだろう。


初めてラダックを訪れたのは、二十年近く前になる。

当時の僕は、それまで勤めていた出版社を離れ、半年間ほどかけて、中国の上海からトルコのイスタンブールまでを横断する旅に出ていた。途中、ほとんど何の予備知識もないまま、デリーからバスを乗り継いで、ラダックの中心地レーを目指した。たまたま気が向いたから、という以上の理由はなかった。

だが、ほんの一週間ほどの滞在のうちに、僕は、ラダックにすっかり惚れ込んでしまった。

いつかまた、必ず、ここに戻ってくる。それまで色々な国を旅してきた中でも、そんな確信に近い予感がした場所は、ラダックが初めてだった。

帰国後にフリーライターとして独立し、しばらくたってから、最初に一人で書く本のテーマにラダックを選んだのも、あの時の確信めいた予感が、ずっと胸のうちに残っていたからだった。ただ、どうしてそこまでラダックが気になるのか、確かな理由は、自分でもよくわからないでいた。なぜ惹かれるのか、確かめるために、ラダックに行く。そうすればきっと、何かが見えてくるはずだ、と。

約一年半をかけて取り組んだラダックとザンスカールでの取材は、無我夢中の日々だった。行ける場所には、全部行った。やれることは、全部やった。でも、行けば行くほど、やればやるほど、その先があった。取材すればするほど、わからないことが、次々と目の前に現れた。この土地の奥深さ、底知れなさを、思い知らされるばかりだった。

最初の本を書き終えてからも、僕はラダックやザンスカールでの取材を何度もくりかえし、旅行用のガイドブックや、雑誌や新聞向けの記事などを書いてきた。でも、自分がなぜこの土地に惹かれるのか、本当の意味で納得できる答えは、ずっと見つからないままだった。わからないけれど、わからないから、あの場所に戻る。今度こそ、「これだ」と思えるような何かが見つかるかもしれない、と思いながら……。

そうしてふと気がつくと、思いがけないほど、長い歳月が過ぎていた。

飛行機は低く垂れ込めた雲をかき分け、岩尾根の上空で大きく旋回して、レーのクショ・バクラ・リンポチェ空港に着陸した。標高、三千五百メートル。機外に出て、タラップを降りる。風の冷たさで、耳たぶがひりつくように痛い。平屋建ての小さなターミナルで、ベルトコンベアで流れてきた自分のダッフルバッグ二つを受け取り、出口の脇にある窓口でプリペイド・タクシーを頼んで、市街に向かう。

「明け方、少し雪が降ったんだよ。だから飛行機も遅れたんだな」ハンドルを気だるそうに手繰りながら、タクシーの運転手が言う。

ラダックの中心地レーでは、いつも同じ宿に泊まる。街の北外れにある、ノルブリンカ・ゲストハウス。三階建てのこぢんまりとした民宿で、客室は最近増築した分を含めても、六つしかない。

タクシーを降りて、ゲストハウスの木戸を開ける。宿の家族は見当たらず、これまで見かけたことのない十五歳くらいの小柄な女の子が、ほうきを片手に戸口に姿を現した。

「ジュレー（こんにちは）。……宿の人たちは？」

「アジャンレ（おじさん）とマチュンレ（おばさん）は、ちょっと出かけてて。たぶん、もうすぐ帰ってくると思います」

「君は？」

「えーと……おそうじ中です」

女の子はケサンという名で、普段は宿の次男坊の奥さんの実家で、住み込みの子守として働いているらしい。今は、奥さんの実家がジャンムーという街に旅行中なので、この宿に来ているのだという。

ケサンは、一階の台所に冬の間だけ据えつけられているストーブに薪をくべ足し、チャイ(スパイスの入ったミルクティー)を淹れてくれた後、近所へ用事を片づけに出かけていった。乾いた硬いパンを手で割り、チャイに浸し、少し柔らかくして食べる。飛行機の遅延に振り回された二日がかりの移動だったが、どうにか無事に、いつもの宿まで来ることができた。

ストーブの暖かさに気がゆるんで、うとうとしていると、宿のオーナーのツェタン・タシと、ほんの少し遅れて、おかみさんのデチェン・ラモが戻ってきた。二人とは、十数年前からの知り合いになる。小柄でやせっぽちのツェタンと、たっぷりと恰幅のいいデチェン。二人は僕の前でもおかまいなしに、しょっちゅう口ゲンカをしているのだが、仲はそんなに悪くない。たぶん。

「おー、タカ!　いつ着いたんだい?」デチェンが陽気な声を上げる。この土地の知り合いはみな、僕のことを「タカ」と呼ぶ。

「ついさっきだよ。飛行機が遅れて……疲れた。飛んだだけ、まだましだったけど」

「今朝、ちょびっと降ってたからねえ、雪が」

「ツェタン、僕はどこの部屋を使わせてもらえる?　ほかに客はいないよね?」

「この台所の真上の部屋でいいよ。いつもあそこを使ってるだろう?　あとで、毛布と布団を運んでおこう」ツェタンはそう言いながら、薪をストーブにくべ、手をかざしてこすり合わせる。

「ジュレー（ありがとう）。布団はいらないよ、毛布が一枚あれば。寝袋も持ってきてるし」

「で、レーには、いつまでいるんだい？」ストーブのそばに座りながら、デチェンが訊く。

「五、六日くらいのつもり。いろいろ準備をしてから、ザンスカールに行ってくる」

「ザンスカール？　チャダルで？」

「今回は、プクタルまで行こうと思ってる。レーに戻るのは四週間後くらいかな」

二人はストーブ越しに、あきれたように顔を見合わせた。無理もない。ラダックには、チャダルはまだしも、その先のルンナクやプクタルまで冬に行った経験のある人間は、ほとんどいない。

チャイのおかわりを飲み終え、二階の部屋に上がる。階下の台所のストーブの煙突は、この部屋の床を突き抜け、天井の穴から屋根の上にまで伸びている。この部屋にストーブはないが、煙突がある分、少しは暖かいかもしれない。建物内のトイレは、冬の間は水道管から水を抜いてあって使えないので、いったん屋外に出て、昔ながらの高床式のトイレを使うことになる。

部屋でダッフルバッグから寝袋を取り出してベッドに広げ、外側に毛布をかけてもぐり込み、そのまま、すとんと、二時間ほど眠る。目を覚ますと、窓の外はすでに薄暗くなりかけていた。昼の間はまったくダメだった電気とインターネットが使えるようになっていたので、ノートパソコンの電源を入れ、到着を知らせるメールを日本に送る。この土地では、メールは送れる時にすぐ送っておかないと、いつまた使えなくなるかわからない。

晩飯は、階下の台所でストーブにあたりながら、デチェンたちと同じものを食べさせてもらった。青菜の炒め煮、二種類のダール（豆のカレー）、米飯、チャパティ（練った小麦粉を円形に薄く伸ばして焼いたもの）。

「……この青菜は、どこから？　今の時期だとラダックでは珍しいよね」

「飛行機で運ばれてきたのを、バザールで買ったんだよ。冬はとんでもなく高いねえ、こういう野菜は」とデチェン。「ほら、タカ、おかわりは？」

とにかく、際限なく眠い。食べ終えて部屋に戻ると、十時頃にはまた寝てしまった。

一月十四日

十時間くらい、ぐっすり眠った。高山病の初期症状でありがちな頭痛や吐き気も、特にない。枕元に置いていた腕時計の温度計測機能を使ってみる。室温、〇度。外はさらに寒いはずだ。霜のついた窓ガラス越しに、淡く澄んだ青空が見える。

午前中に、パドマ・ドルジェが、宿まで訪ねてきてくれた。

パドマは、ザンスカールのツァザルという村の出身で、今年で四十歳。ザンスカール人特有の、やや小柄だが、骨太でがっしりした身体つき。陽に焼けた彫りの深い顔には、目尻を中心に深い皺が刻まれている。彼はプロのトレッキングガイドとして豊富な経験を持っていて、特にチャダルに関しては、あらゆることを知り尽くしている、筋金入りのチャダルパ（チャダルの男）だ。僕が十一年前にチャダルを旅した時に案内してくれたのも彼だったし、今度の旅も、ガイド役は彼以外に考えられなかった。

「レーには、いつ来たの？」台所に彼を案内しながら訊く。

「おとといだ。ツァザルから歩いてきた」

「チャダルで？　氷の状態はどうだった？」

「今のところは、問題ない。割と楽だったよ」

ストーブで暖を取りながら、これから始まる旅について、行程、装備、食糧、事前に必要な準備など、細かい打ち合わせを始める。

今回の旅ではまず、レーから車をチャーターして、ザンスカール川沿いの道を遡り、工事中の未舗装路の終点、バクラ・バオ付近まで行く。そこからチャダルを辿って歩いていくと、ザンスカールの中心地パドゥムまで、約七日。パドゥムからルンナク渓谷を抜けて、プクタルまで、歩いて三、四日。今年、プクタル・グストルの祭礼が行われるのは二月二日と三日だから、その数日前までには、プクタルに到着しておきたい。途中、チャダルの氷の状態が悪化して、足止めを食らう可能性もあるので、それも見越して日程を組む必要がある。結果的に時間に余裕ができれば、ルンナクでの行程をさらに刻んで、途中の村々での取材に充てる。

プクタル・グストルの取材が終わったら、往路と同じ行程を引き返す。復路は、チャダルの氷の状態が安定しているうちに、できるだけ急いで戻らなければならない。パドゥムの周辺などで車をチャーターできそうだったら、積極的に使って、時間を短縮する。全行程を自分たちの足だけで歩き通す必要はない。

「……パドマ、僕がやりたいのは、冒険じゃないんだ」僕は念を押した。「危険は、できるだけ冒したくない。安全に歩ける道があるなら、遠回りでもそっちを歩く。車を捕まえられたなら、迷わず乗る。僕の目的は、冬のザンスカールをきちっと取材して、取材ノートと写真のデータを、安全に持ち帰ること。冒険はいらない。わかる？」

「ああ、わかるよ」パドマはククッと笑った。「俺自身、冬にルンナクを歩いた経験は、まだない。あそこはザンスカールの中でも特に雪が多くて、谷の両側の斜面も急だから、雪崩がしょっちゅう起こる。普通に歩くだけでも、冬のルンナクは怖い。どのみち、ある程度の危険はあるさ」

「まあね……。ところで、ポーター（荷物の運搬役）はどうしようか？　カメラとレンズは、もちろん僕が自分で運ぶけど」

「一人、あてがある。年下のいとこがいるんだ。ポーターは俺自身も含めて、二人でいけると思う。で、祭りの日から逆算すると、出発は……」

「一月十八日でどうかな？」

「いいだろう。それまでに買っておくものは……ケロシン（灯油）は早めに手に入れとくとして……食糧は、出発の前日でも大丈夫だ。あとは、チャダルの許可証を申請しないと……」

「許可証？　そんなもの、必要だったっけ？」

「最近はな。俺やいとこはもちろん必要ないが、地元出身者以外の人間がチャダルに行く時は、事前に許可証を取らなきゃならない。今度、申請用紙だけ先にもらってくるよ」

「どうして、許可証なんかが必要になったんだろう？」

「ギャガルパ（インド人）が、わんさかチャダルに来るようになったからさ」彼は首をすくめた。「タカ。チャダルはな、もうお前の知ってるチャダルじゃないんだよ」


打ち合わせが一通り終わった後、どこかで昼飯でも食べようという話になり、二人で、レーのメイン・バザールに行くことにした。

宿からゆるやかな下り坂を十分ほど歩き、イスラーム教徒の昔ながらのパン屋が軒を連ねる路地を抜けると、メイン・バザールの目抜き通りに出る。夏の間は大勢の観光客でにぎわっているが、今は人影もまばらで、店もほとんどが休業中。内側から新聞紙を目張りしている窓ばかりが目につく。開いているのは、地元の人向けの安食堂と、食品や日用品を扱う店くらいだ。ふりかえると、街の背後にそびえる岩山ナムギャル・ツェモと、その中腹にあるかつてのラダック王国の王宮跡、レーチェン・パルカルが見える。

目抜き通りの南の端にある小さな食堂に入り、トゥクパ（チベットの煮込み料埋の総称で、うどんのような麺料理の場合が多い）を注文した。麺以外で薄味のスープに浮かんでいる具は、刻んだニンジンとタマネギだけ。冬のこの土地で、食べ物にぜいたくは言えない。

「何年前になる？　俺たちが初めて会ったのは」湯気の立つ麺をすすりながら、パドマが言う。

「ええと……十二年前、じゃなかったかな。お互い、別々にザンスカールをトレッキングで旅してて、たまたま会って、話すようになって。それで、年明けに一緒にチャダルに行って……」

「うちの最初の娘が生まれたのは、その二年後くらいだな」

「今、子供は何人？」

「三人だ。全員、女の子。一人くらい、男の子でもよかったんだけどな。まあいい」

そう話しながら窓の外に目を向けるパドマの横顔に、僕は、うっすらと不安を感じていた。彼の表情や口調から、鋭さのようなものがあまり伝わってこないのだ。以前はもっと、何をする時でも、テキパキと隙のない印象の男だった。でも今、目の前にいる彼は、どこか、ゆるいというか、気だるそうというか。最初に会った頃よりも増えた額や目尻の皺に、長い歳月の間に積もり積もった疲れの影が、にじんでいるように見えた。

「ここは払っておく。気にするな、安いし」パドマは、上着のポケットから財布を取り出しながら立ち上がった。「許可証の申請書類が手に入ったら、宿に持って行くよ」

一月十五日

室温〇度の部屋にしては、昨日の夜も、よく眠れた。空はどよんと曇っている。今日は珍しく、朝から電気もインターネットも使える状態だ。午前中は部屋で寝袋にくるまりながら、仕事関係のメールの返信を書いたり、細かい調べものをしたりして過ごす。

ノートパソコンの金属筐体に手を載せてキーボードを叩いていると、すぐに指がかじかんでくる。内蔵バッテリーの残量も、寒さのせいでみるみるうちに減っていく。電源プラグに直結してみたが、室温が低すぎるからか、充電そのものが始まらない。デチェンたちのいる階下の台所にノートパソコンを持って行き、ストーブにかざして少し温めてから、電源につなぎ直すと、今度はどうにか充電が始まった。冬は、何かにつけて苦労する。

それでも昔に比べれば、電気も通信も、だいぶましにはなったと思う。十年ほど前まで、冬のレーの街では、夕方の五時から夜の十時頃までしか、電気が使えなかった。一般の家庭でインターネットを使うなんて夢のまた夢で、メイン・バザールに数軒あったサイバー・カフェの古ぼけたパソコンと頼りない衛星回線で、テキストメールを送受信するのがやっとだった。今はレーでも、誰でも当たり前のようにスマートフォンを使っている。それでよくなった面もあれば、そうでもない面も、たぶんある。

レーで旅行会社を経営している知り合いと昼飯を食べる約束があったので、正午少し前に宿を出て、メイン・バザールまで歩く。今まで一度も使ったことのない食堂に入ってみると、驚いたことに、鶏肉を使った料理を出せると言われた。鶏肉入りのチョウメン（焼きそば）を注文。ものすごくうまいというわけでもなかったが、それでも冬のこの時期、肉は貴重だ。

食事の後、一人でしばらく、メイン・バザール周辺をぶらつく。目抜き通りの一隅に、大勢の人だかりができている。見ると、二、三人の女の人たちが、小ぶりなキャベツや青菜を箱に並べて売っていた。デリーか、カシミール地方のスリナガルから空輸されてきた野菜なのだろう。その周囲で買い物袋を手に、長い列を作って、辛抱強く待っている人々。少しでも状態のいい野菜を見分けようと、並んでいるうちから、みな真剣そのものだ。

冬の間に青々とした野菜が空輸されてくる回数も、昔はずっと少なかった。地元の人々は、ジャガイモやタマネギなどの根菜類を地面に穴を掘って埋めて保存し、青菜は夏の間に天日干しにしておいたものを、トゥクパなどを煮る時に足す程度だった。以前聞いた話だと、冬のさなか、ある店に「あそこにはまだ、まともな卵があるらしいぞ！」という根拠のない噂が立ち、ものすごい数の人々がその店に押しかけたこともあったそうだ。

冬は本当に、何かにつけて苦労する。

歩き回っているうちに、身体が冷えてきた。午後半ば頃、宿に戻る。夕方、パドマがチャダルの許可証の申請用紙を持って、宿まで来てくれた。

「今日は、これを持ってきただけだ。記入して、顔写真を貼っておいてくれ。あとは、パスポートとインドヴィザ、それからお前が乗ってきた飛行機の搭乗券のコピーが必要だ」

「搭乗券の？」

「高地順応に必要な日数がたっているかどうかを確認するためらしい。バカげてるよな」

「わかった。ほかに必要なものは？」

「食糧はあさってでも大丈夫だ。ああ、でも、ケロシンは明日買っておこう。万が一、必要な量が手に入らないと困るし」

「じゃ、明日の午後一時に、ゴンパ・ソマの前で。ケロシンの件と、僕にはどこの店にコピー機があるのかわからないから、それも案内してくれると助かる」

「わかった。じゃ、明日」

少しずつ、準備が進んでいく。出発の日が、近づいてくる。

一月十六日

今朝の雲は、昨日よりさらに低く垂れ込めていて、周囲の岩山の稜線も隠れて見えない。こういう雲の低い日は、天気が崩れることが多い。

昼少し前に、歩いてメイン・バザールへ。目抜き通りに面した小さな写真店で、証明写真を撮ってプリントしてもらう。その後、メイン・バザールの中心にある仏教センター、ゴンパ・ソマの前で、パドマと落ち合う。彼の案内で、コピー機を置いている店でパスポートや搭乗券などのコピーを取り、目抜き通りの裏の路地にある雑貨店で、ケロシンを一リットルほど手に入れる。

「今日はこれでよし、と」ケロシンのついた手をぼろきれで拭いながら、パドマが言う。「許可証の申請に必要な書類も揃ったし、あとは全部、明日だ。明日の朝十時、申請の受付が開く時間に、観光案内所の前で待ち合わせよう。ほかの大きなグループが前につっかえると大変だから、俺は少し早めに行って並んでおくよ」

「ありがとう。許可証を取った後は、食糧とかの買い出しか」

「だな。じゃ、明日、十時に」

ケロシンを詰めたペットボトルを抱えて自分のアパートに戻るパドマと別れた後、路地裏の安食堂に一人で入る。ありがたいことに、この店にもまだ、肉の取り扱いがあった。羊肉のモクモク(チベット風の蒸し餃子)を載せたトゥクパを注文。羊肉のうまみが溶けた透明なスープが、はらわたに沁み渡る。うまい。

食べ終えて店の外に出ると、曇り空から、雪がちらついていた。目抜き通りにも、人影はほとんどない。大気がどんどん冷え込んでくる。早足で、宿まで歩いて戻る。

帰ってみると、ツェタンもデチェンもケサンも、みんな留守にしていて、誰もいなかった。電気も来ていない。自分の部屋にいても何もすることがないし、とにかく寒いので、台所でストーブに少しずつ薪をくべながら、暖を取ることにした。

窓の外では、少しずつ、雪が本降りになりはじめていた。音もなく、景色が白く霞んでいく。

あと二日後には、あの世界に戻る。あの、岩と雪と氷の世界に。そう思うと、億劫なような、逃げ出したいような気持になっている自分がいる。いや、迷っている、というべきか。なぜまた、危険を冒してまで、真冬のザンスカールに戻るのか。あの世界に戻れば、探し続けていた何かが、見つかるとでもいうのか。

小枝でストーブの熾火をつつくうちに、答えの見つからない問いかけの渦の中に、思考が沈んでいく。

自然と人の間にあるもの。いつからか、それを追い求めるようになっていた気がする。

この土地の取材を始めたばかりの頃は、人々の伝統的な風習や年中行事を見るのが面白くて、ひたすらそれらを追いかけていた。でも、しばらくすると、彼らの風習や行事、生活の背後には、自然という巨大な存在が常にあることを、強く感じるようになった。

乾いた大地を耕して種を蒔き、わずかな雪解け水で作物を育てる。険しい山中で家畜を追い、乳や肉は食糧に、毛は衣類に、糞は乾かして燃料に利用する。短い夏の間に食糧と飼葉と燃料を丹念に蓄え、長く厳しい冬の間は、仏に祈りを捧げながら過ごす。この土地の人々の日々の暮らし、祈り、そして生と死は、自然との関わりを抜きにして捉えることはできない。

自然と人との間には、何があるのか。その結びつきには、どんな意味があるのか。そう考え、問い続けるうちに、僕自身の取材も、車やバイクなどでは行けない場所にまで自らの足で分け入っていく形が、次第に増えていった。

巨大な自然と対峙する取材では、時に、その怖ろしさを、骨身に沁みて思い知らされる。最初のチャダルの旅の時は、別のグループのトレッカーが氷の上から川に落ちて流されそうになり、あわやというところで救い上げられたのを、目の前で見た。別の年の夏には、標高四千メートルを超える高地でのキャンプ中、真夜中に猛烈な暴風雨に見舞われ、ダメかもしれない、と覚悟したこともあった。カメラバッグを頭の上に載せ、胸元まで濁流に浸かりながら川を渡渉したことも、二度や三度ではない。

僕にとっては逃げ出したくなるほど苛酷な自然の只中で、この土地の人々は、平然と日々の暮らしを営んでいる。それがごく当たり前のことであるかのように、淡々と。

彼らはなぜ、この厳しい世界で生きることを、選んだのだろう……。

夕方、勤め先の役場から戻ってきたデチェンは、珍しくかんしゃくを起こしていた。すっかり乾いていたはずの洗濯物を、ツェタンが取り込み忘れていて、雪まみれにしてしまったのだという。

「まったく！　男ってやつは、ほんとに！　役立たずだねえ！　こんなに雪が降ってるのに！」

ツェタンはばつが悪そうに、台所の隅に座って、肩を縮こまらせている。何だか、僕まで少し肩身が狭い。

すっかり暗くなった窓の外ではまだ、雪が、音もなく降り続いている気配がする。ザンスカールでも、雪は降っているのだろうか。チャダルは今、どうなっているのだろう。

一月十七日

目を覚ますと、窓の外が、やけに明るい。カーテンを開けると、ベランダに積もった雪に、朝の光が眩しく反射していた。二、三センチほど積もったようだ。空は、真っ青に晴れ渡っている。

パドマとの待ち合わせ時間より少し早めに宿を出て、街の背後にそびえる岩山、ナムギャル・ツェモを目指す。ノルブリンカ・ゲストハウスからは、レーチェン・パルカルとは反対側の参道から登ることができる。頂上には、ナムギャル・ツェモ・ゴンパと呼ばれる小さなお寺と、昔の砦の跡が残っている。

雪でうっかり足を滑らせないように、気をつけながら登っていくと、十分ほどで頂上に着いた。色褪せた緑色の祈祷旗が張り渡された、すり鉢状の斜面の先に、レーの旧市街が広がっている。はるか彼方に連なる、標高六千メートルを超える山塊。街も山々も、何もかもが真っ白な雪に覆われ、朝の光に輝いている。あと一、二時間ほどたてば、南側の斜面や家々の屋根に積もっている雪は、太陽の熱ですっかり解けてしまうだろう。雪の日の翌朝にナムギャル・ツェモに登った者だけが目にすることのできる、真冬のレーの姿が、そこにあった。

見とれているうちに、待ち合わせに遅刻しそうな時間になってしまった。あわてて南側の斜面を駆け下り、旧市街を抜けて、メイン・バザールの中心近くにある観光案内所に向かう。雪の積もった街の中は、白く、明るく、人影もまばらで、しんと静かだった。

「よお、タカ。来たな」僕の姿を見つけて、パドマが歩み寄ってきた。「今日は、許可証を申請するグループはそんなに多くなさそうだ。とりあえず、最初はメディカル・チェックだな」

数年前に建てられた新しい観光案内所の隣の敷地に、それまで観光案内所として使われていた、小さな古い建物がある。チャダルの許可証の申請前に必要なメディカル・チェックは、その中で行われていた。眼鏡をかけた若い女性看護師が、僕の右手人差し指をパルス・オキシメーターに挟み込む。脈拍数と動脈血の酸素飽和度を測る機械だ。

「九十三パーセント。まったく普通ね」気のせいか、少しつまらなさそうな声色で、看護師が言った。「次はそっちで、血圧を測って」

隣の検査場で、今度は年配の男性医師が、僕の腕に血圧計を巻いた。

「……いつ来た？　レーに」

「四日前です」

「頭が痛いとか、息苦しいとか……」

「まったくないですね」

「お前が、一緒に行くのか？」老医師がパドマに訊く。

「そうです。彼はザオ・ニンパ（古い友達）なんです」

「ふうん……よし、持ってけ」

老医師はボールペンで用紙に手早く何か書きつけ、パドマに手渡した。

「……そんなに意味のある診察とも思えなかったけど」古い建物を出て、申請窓口へと歩きながら、僕はパドマに言った。「最近、こうなったのには、何か理由があるの？」

「おととしと去年、死人が出たからな」

「そうなんだ。インド人？」

「おととしはインド人。去年はザンスカール人だった」

「事故で？　それとも高山病で？」

「インド人は、急な心臓発作だったらしい。チャダルを怖がりすぎたのかな。ザンスカール人は、おっさんが酔っ払って氷の上で寝てしまって、凍死したんだそうだ」

許可証の申請窓口の手前には、インド人の旅行者を対象にした生命保険の加入受付があった。インド人のグループはみな、未舗装路の終点バクラ・バオから、二日間かけてニェラクという村までチャダルを歩き、同じルートを引き返す、合計で四、五日の旅程を組む。途中には、怪我や高山病の治療を受けられる救護テントがいくつかあり、さらに緊急時には、救急ヘリコプターを要請できる場所もあるという。ただ、そうした支援を受けられる生命保険の料金は法外に高く、そもそも今回の僕たちの旅は保険の適用地域から大幅にはみ出してしまっているので、何の役にも立たない。

僕たちは生命保険の担当者と話をつけて、チャダルを歩くための許可証だけを窓口で申請することにした。一部の地域は野生動物保護区にあたるので、その入域料も一緒に支払う。許可証の申請料などと合わせて、三千ルピー（約四千五百円、当時一ルピーは約一・五円）近く支払うことになるが、仕方ない。

手続きが終わるのを待っていると、もこもこに服を着込んで頬かむりをした窓口のおばさんが、僕に話しかけてきた。

「ジャパンパ（日本人）かね？　あんた一人で行くのかい？」

「いや、彼と、彼のいとこと一緒に。彼は、ザオ・ニンパなんですよ」

ザオ・ニンパ。古い友達。自分でもそう口にしてみて、何だかちょっと愉しくなった。僕は古い友達と、これから真冬のザンスカールを旅するのか。

許可証の紙切れを受け取って外に出ると、路上の雪は、ほとんど解けてしまっていた。

「次は、食糧だな。先に野菜を買おう」

目抜き通り沿いの歩道で野菜を並べて売っている女性の前で、パドマは立ち止まった。ジャガイモ、タマネギ、大根に似た丈の短い円錐形の根菜を買う。どれも、地元の畑で穫れたものだ。今回持って行くのは、こうした根菜類だけ。青菜やキャベツなど、外部から運ばれてきた野菜は、寒さですぐダメになってしまうからだ。小さめのズタ袋いっぱいに根菜を詰めてもらって、百八十ルピー。

野菜以外の食糧は、メイン・バザールから少し下った、フォート・ロード沿いにある食品店で買うことにした。十年以上前からある店で、地元の旅行会社の人間がトレッキング用の食糧を調達する時によく利用している。パドマの注文を聞きながら、カシミール人の店主が、慣れた手つきで品目と量をレシートにメモしていく。

米四キロ。小麦粉五キロ。豆一キロ。塩一キロ。砂糖一キロ。スパイス三箱。調理油一瓶。

茶葉一袋。ミルクパウダー一袋。メギ（マギー・ブランドのカレー味のインスタントラーメン）九袋。マカロニ二袋。ビスケット五袋。全部で千四百ルピー。

明日からしばらくの間、食事は同じような材料と味のくりかえしになる。なくても困らないものは、なるべく持って行かない。途中で補充できそうなものは最小限にする。荷物は、できるだけ軽く。氷の川の上で人間が荷物を運ぶチャダルの旅では、それが鉄則だ。

「買ったものは、とりあえず、店に預けとこう。あとで、俺が家に帰る時に運んでおく」

もう一人の店員が食糧をダンボール箱に詰めるのを見ながら、パドマが言った。

「明日、バクラ・バオまで乗る車は、もう押さえてある。何時に宿に迎えに行けばいい？」

「バクラ・バオまで、三時間はかかるよね……。八時でどうかな」

「完璧だ。じゃ、明日な」

食品店の前でパドマと別れ、一人で歩きながら、僕はまた、漠然とした不安を感じていた。パドマの口調からは、今日もまだ、以前はあった鋭さのようなものが感じられなかった。僕一人が勝手に気にしすぎているだけなら、それはそれでいいのだが。

午後半ば過ぎにノルブリンカ・ゲストハウスに戻ると、僕は荷物の仕分けに取りかかった。衣類や洗面道具は小さい方のダッフルバッグに詰め、テントやマットレス、途中から履くラバーブーツは、折り畳み式のトートバッグに入れる。ノートパソコンや付属機器、ザンスカールでは着ない衣類などは、大きい方のダッフルバッグにまとめて、宿に預ける。

主力で使うカメラはカメラザックの一番上に入れ、予備のカメラやレンズは水濡れを避けるため、密閉式のビニール袋に入れてから、ザックの奥に詰める。全部で八つあるバッテリーは、ビニール袋に小分けにして密閉し、カメラマンベストのポケットに詰め込む。ベストはジャケットの内側に着込み、旅の間は寝る時も脱がない。こうすると体温でバッテリーを保温できるので、極端な低温でバッテリーが放電してしまうのを、ある程度は防げる。

荷造りを終えた後、階下の台所に行くと、僕を励ます意味でか、デチェンが、この季節にしてはかなり豪華な晩飯をこしらえてくれていた。茹で卵を煮込んだカレーと、ジャガイモとグリーンピースと大豆肉の煮込み。

「タカ、おかわりするんだよ！　今のうちに、たくさん食べとかないとね！」

僕の皿におたまでカレーをよそいながら、デチェンがニカッと笑う。本当にそうだ。食べられる時に、しっかり食べておかねば。明日から、長い旅が始まるのだから。

第二章　チャダル

Chadar

一月十八日

出発の朝が来た。

六時半に起きて、階下の台所に行くと、ケサンが早起きして、チャパティと薄いオムレツ、チャイを用意してくれていた。よそ見しておしゃべりしながらでも何でも作れてしまうデチェンに比べると、ケサンの料理の手つきはまだおぼつかないが、この早い時刻に温かい食事を出してもらえるのは、ありがたかった。

八時少し前、パドマが車で迎えに来た。長年使い込んだ防水素材の緑のジャケットと赤いパンツを着ていて、足元は黒に近い灰色のブーツ。チャダルを歩くザンスカール人のほとんどが履いている、軍用のラバーブーツだ。

「……タカ！　グッド・モーニング！」

「おはよう。いよいよだな」

「忘れものはないか？　荷物を一つよこせ。俺も運ぼう」

エンジンをかけたまま外の道路に停まっている小型のバンの荷台に、衣類を詰めたダッフルバッグと、テントやマットレスを詰めたトートバッグを積み込む。カメラザックを抱えて後部座席に乗り込むと、左隣に、ひょろっと手足の長い若者が座っていた。ニットキャップもサングラスも上着もパンツも、すべて黒。はにかみながら僕を見て、小声で「ジュレー」と言う。

「いとこのゾクパだ。ゾクパ・タルチン」助手席に乗り込みながら、パドマが言う。「よし、チャロー（行こう）」

宿の木戸まで見送りに来てくれたツェタンとデチェンに、窓ガラス越しに軽く手を振る。小型バンの運転手が、無造作にアクセルを踏む。出発だ。

車は人気のない朝の街を抜け、長い坂道を下っていく。空はすっきりと青く澄み渡っていて、南に連なる山々が、朝の光を受けて真っ白に輝いている。

「……ゾクパは、何歳なの？」

「十九だ」パドマが答える。「普段は、レーのラムドン・スクールで勉強してる」

「パドマはアジャン（おじ）じゃなくて、いとこ同士なんだね。同じツァザルの出身？」

「いや、村は違う。シラプーだ。ルンナクの入口から、少し北の山奥にある村だ」

ゾクパは、はにかんだような表情を浮かべて、窓の外を眺めている。もともと無口なのか、僕に対して緊張しているのか、ずっと黙ったままだ。

空港の前を過ぎ、インド軍の駐留地が連なる一帯を抜け、西へと向かう。ラダックを東西に貫く幹線道路は、舗装もまだ新しく、車はすいすいと滑らかに走る。一時間もかからないうちに、インダス川とザンスカール川の合流地点まで来た。ここから幹線道路を外れ、ザンスカール川沿いの道を南へと遡上する。川面は、すでにかなりの部分が白い氷に覆われている。これなら、チャダルも問題なさそうだ。

川沿いの道路は、途中から舗装がなくなった。車はガタガタと激しく揺れながら、ゆっくり進む。チリンという小さな村の麓を過ぎ、グル・ドという古い由来のあるチョルテン（仏塔）

の残る場所にさしかかる。十一年前は、このグル・ドまでしか道路が通じていなかった。切り立った峡谷の向こうに、鋭利な岩峰がそびえている。眩く射し込む光が、凍りついた川面に、白と黒のコントラストを描き出す。

突然、運転手がブレーキを踏んだ。

「何だ?」パドマが身を乗り出す。

「進めない。土砂崩れだ」

外に出てみると、右側の崖から崩れてきた土砂が、十メートルほどの幅で道を埋めてしまっていた。人力では動かせそうにないほど大きな岩も、いくつか転がっている。僕たちだけでどうにかするのは、難しそうだ。

「車は、ここであきらめよう。ゾクパ、荷物を下ろすぞ」

「バクラ・バオまで歩くのか。どれくらいかかる?」

「一、二時間はかかるかもな。あそこからは、茶店に預けてあるソリを使えるんだが……」

チャダルを行き来するザンスカール人の多くは、氷の上では手製のソリを引いて荷物を運ぶ。その方が楽だし、荷重が分散するので氷も割れにくい。僕たちも、バクラ・バオからソリを使うつもりでいたのだが、その前に思いもよらない形で、時間と体力を消耗することになってしまった。

僕は自分のカメラザックとトートバッグなどを持てるだけ持ち、それ以外の荷物と食糧は、パドマとゾクパが手分けして担いだ。ここまで乗せてきてくれた小型バンを見送った後、土砂崩れの現場を慎重に越え、川沿いの未舗装路を歩いていく。道は石ころだらけで、油断すると足をひねりそうになる。荷物が重いからか、パドマはかなり遅れ気味に、ゆっくり歩いている。

「重いよなあ、ゾクパ。大丈夫？」と僕。

「……重い！　すっげえ重い！」

そう言いながらも、ゾクパは白い歯を見せて笑って、左右の肩紐を握り直しながら、ざくざくと歩を進める。見た目以上に体力のある男のようだ。

右は、切り立った崖。左は、崖のはるか下に、幅の半分ほど白く凍ったザンスカール川。あたりには集落も何もない。荷物が重い。歩きづらい。でも、まずはとにかく、この道の終点まで行かなければならない。

……と、三十分ほど歩き続けたところで、背後から、車のエンジン音が響いてきた。ふりかえると、別のグループを迎えに来たミニバスが近づいてくるのが見える。さっきの土砂崩れの場所は、思いのほか早く通れるようになったらしい。

「やった！　ガリ（車）！」

やれやれといった表情で、ゾクパは立ち止まり、地面に荷物を下ろした。目の前で停まったミニバスの車内には、後ろから遅れて歩いていたパドマが、ちゃっかり乗っていた。

「うまいことやったなあ、パドマ」

「ツイてただけだ。とりあえず、助かったな」

バクラ・バオの手前にある車道の終点は、そこから車で二十分ほどの場所にあった。背の低い円形の大きなテントが二つ。簡易宿泊所を兼ねた茶店だ。

ミニバスから荷物を運び出していると、どこからか、甲高い雄叫びのような声が響いてきた。ザンスカール川の方を見ると、チャダルの旅から戻ってきたばかりの二十人ほどのインド人グループが、両手を何度も突き上げながら、わいわいと集合写真の撮影に熱中していた。あらかじめ準備していたらしい、記念の横断幕まで広げている。僕たちを途中で拾ってくれたミニバスで、彼らはこれからレーの街に戻るのだろう。

「これでも、インド人のグループは、去年より三割ほど減ってるそうだ。許可証や生命保険の料金が、かなり値上がりしたからだと思う」

「チャダルが変わったって、こういうことか」

「こんなもんじゃない」パドマは呟いた。「わかるさ、そのうち」

僕たちは茶店に入ると、チャイとメギを三人分注文した。腕時計を見ると、もう十二時を過ぎている。メギを食べ終えたパドマとゾクパは、顔見知りらしい店番の男から、預けていた二台のソリを受け取り、外で準備を始めた。

木製の角材を組んで作られている手製のソリは、すべりやすいように、左右の氷に接する部分に金属板を曲げ加工したものが取りつけられている。ソリに積む主な荷物は、水濡れを避けるために大きめのズタ袋にまとめて入れ、荷台に縛りつける。そのズタ袋の上に、肩紐が上向きになるように、バックパックをがっちり縛って固定する。こうすると、氷の状態が悪い場所などで、ソリ全部を背負って歩けるようになる。水汲みに使うポリタンクなどは、背負う時に邪魔になりにくい場所に結えつける。

二人の手つきを見比べると、ゾクパはパドマほど荷造りに慣れていないようで、時々、パドマの指示を仰いでいる。今まで二十年以上もチャダルを旅してきたパドマの経験は、こういう形で少しずつ、ゾクパの世代に受け継がれていくのかもしれない。

僕も、自分の身支度を始めた。ここまで履いていたトレッキングシューズを、ラバーブーツに履き替える。分厚いラバーの内側に着脱可能な断熱材の入っているブーツで、十一年前のチャダルの旅で使ったのと同じ型のものだ。膝下くらいまでの水の中を歩くこともざらなチャダルの旅では、普通の登山靴は役に立たない。川の氷が割れる可能性があるので、アイゼンの類も基本的には使わない。

服装は、汗冷えを防ぐメッシュ素材の下着の上下に、保温用の長袖Tシャツとタイツを重ね、上半身に長袖シャツをもう一枚と、カメラの予備バッテリーを詰めたベストを着てから、厚手の伸縮素材のジャケットとパンツを身につける。一番外側には、防水透湿素材のパーカ。寒い時は、パーカの下に化繊の中綿のジャケットを着込む。靴下は極厚のウール製。帽子は耳あて付きで風を通さないもの。手袋は、はめたままカメラを操作できる薄手のものと、尖った岩をつかんでも平気な厚手のものを使い分ける。

自分で運ぶ荷物は、筆記具やノート、予備の手袋などを入れたショルダーバッグと、歩行中に主力のカメラを入れておくショルダーバッグを、左右からそれぞれたすき掛けにして両脇に携えてから、カメラザックを背負う。氷の状態が悪い場所や、崖をよじ登るような場所では、カメラは壊さないようにカメラザックに収納する。自分で担ぐ荷物の総重量は、十キロくらいにはなるだろうか。

準備を終え、川岸に下りて、氷の上へと踏み出す。いよいよか。いよいよだ。手袋の中で、両手のひらがチリチリとしびれてくる。

「今日は時間もないからそんなに先には進めないが、まあ、様子を見ながら行こう」そう言いながらパドマは、ソリを引く紐を手繰る。「ゾクパ、行くぞ!」

ココココォーッ、と音を立ててソリを引きながら、二人は何のためらいもなく、ずんずんと歩いていく。僕も、ふーっ、と大きく息をついてから、少し間隔を空けて、二人の後を歩きはじめた。

凍結したザンスカール川の上を歩いて行き来するチャダルの行程で、人が定住しているのは、ニエラクの村だけだ。それ以外の場所で幕営しなければならない時、ザンスカール出身のチャダルパたちは、川べりに点在する洞窟に泊まる。洞窟は大小はあるものの、それほど深くはなく、岩壁が丸くえぐれているような形のところに、風除けの石塀が作られている場合が多い。洞窟には、それぞれ名前がつけられている。バクラ・バオは、ラダック屈指の高僧だった先代のクショ・バクラ・リンポチェが、かつてチャダルを旅した時に泊まったことから、そう呼ばれているという。

十一年前のチャダルの旅の時、僕が初めて泊まった洞窟は、このバクラ・バオだった。今回の旅では、出発の時点からすでに、行程が一日分、短くなっている計算になる。車道の終点近くに簡易宿泊所ができたからか、今はバクラ・バオに泊まる人間はあまりいないようだ。洞窟の前の石塀には、名前の由来を示す看板が取りつけられていた。その前を歩いて通り過ぎながら、僕は、懐かしいような、ちょっと寂しいような気持になった。

ザンスカール川は、両岸にそそり立つ巨大な岩壁の間を縫うようにして続いている。川は、凍結して雪に覆われている部分もあれば、凍ったばかりの淡い碧色の氷がのぞいている部分も、深藍色の水が滔々《とうとう》と流れている部分もある。僕たちは主に、雪に覆われた川岸近くの氷の上を歩いていく。雪が積もってから少し時間のたった氷の上は、足を載せても滑りにくく、デコボコもないので歩きやすい。ソリを引くのにも、うってつけだ。

パドマとゾクパがソリを引く後をついて歩きながら、僕は少しずつ、チャダルを歩く時のコツを思い出しはじめていた。腰と膝を軽く曲げ、やや前屈みで、身体の重心を低く保つ。歩幅は小さめに、足はあまり高く上げず、すり足に近い感じで。歩く時は常に足元を見て、左右の手でバランスを取りながら、よろけてもすぐ立て直せるように、集中する。周囲の景色を見回したり、写真を撮ったりする時は、必ず立ち止まって、足場を確認してからにする。

このあたりの氷の状態は、悪くはない。パドマとゾクパは、氷上にソリの跡や足跡が残っているところを見ながら、確実に安全な部分を選んで歩いている。二人のソリの跡を外さずに歩いていれば、まず大丈夫なはずだ。それでも時々、ラバーブーツの靴底の下で、氷が虚ろな音を立てて軋んだり、ピシーッ！と亀裂が入ったりすると、わかってはいても、肝を冷やす。

一時間ほど歩き続けたところで、パドマは足を止め、僕にも少し休憩するように促した。

「体力あるね、ゾクパは」と僕は声をかけた。「荷物も、三人の中で一番重いだろうに」

「こいつは去年、マラソン大会に出たんだ。ラダック・マラソンに」

「へえ。最近、有名になった大会だよね。こんな標高の高いところで、よく走れるなあ」

「六位だった」はにかみながら、ゾクパが言う。

「六位？　嘘つけこの野郎！」とパドマ。

「ほんとだって！　六位だったんだ！」

「そりゃすごいなあ。優秀なポーターを雇えて、ツイてたよ」と僕。

「すげえ優秀だよ。マラソンは速えし、チンチンもでけえしな！　なあ、ゾクパ！」

ザンスカール方言の下ネタでおちょくるパドマに、困り果てるゾクパ。そのやりとりを聞いて、ケラケラ笑う僕。僕たち三人の旅は、こんな風にして始まった。


この日は、途中で一カ所、氷の上に川の水がせり上がって、ラバーブーツを履いた脛の半分ほどの深さになっている場所を、ジャブジャブと渡渉しなければならなかった。でも、きわどかったのは、それくらい。午後三時を回る頃には、パルダル・ツォモと呼ばれる洞窟の近くまで来た。湾曲した川の東岸に河原が開けていて、茶店のテントや救護テント、ツアーグループ向けのキャンプサイト、簡易トイレなどがしつらえてある。パルダル・ツォモの洞窟は、その奥、河原から岩山の斜面を少し登ったところにあった。

「まだ時間はあるし、もう一つ先の洞窟まで歩いて行ってもいいんだが」パドマが僕をふりかえって言う。「その洞窟だと、水を汲める場所がちょっと遠いんだ。パルダル・ツォモの洞窟はまだ空いてるし、今日はここに泊まろうと思う。それでいいか？」

「構わないよ。まだまだ先は長いし」

僕たちは岸辺に上がり、斜面を登って、洞窟に入った。割と大きめの洞窟で、二、三組までなら余裕で泊まれそうだ。天井の岩肌は、長年の焚き火の煤がこびりついて、真っ黒になっている。

パドマはソリに積んでいた荷物をほどくと、ケロシンストーブで湯を沸かしてチャイを淹れ、ビスケットと一緒に回してくれた。ステンレスのコップからすする甘いチャイが、喉を通って、腹の内側から身体を温めてくれる。ゾクパはチャイを飲み終えると、焚き火に使う薪を集めに、どこかへと出かけていった。

ひんやりとした風が、洞窟の中に忍び込んでくる。麓の河原のキャンプサイトには、インド人のグループが二つ、到着したようだ。焚き火を輪になって囲んで、興奮気味におしゃべりをしている声が聞こえてくる。僕たちのいる洞窟にも、ザンスカール人の三人組と四人組のグループがやってきた。インド人グループの荷物を運ぶポーターなのだろう。それぞれ火を熾して、チャイを淹れたり、濡れた服や靴下を乾かしたりしている。

晩飯に使うジャガイモの皮を剥きながら、パドマが僕に訊く。

「憶えてるか？　俺とチャダルを歩いた時のことを」

「憶えてるよ。忘れられるわけがない」

「何年前だ？　十年前？」

「年が明けたから、十一年前になるかな」

「あの年の冬は、雪が多かったな。歩くのに苦労した」

「オマの氷の状態が悪くて、ニェラクで丸二日、立ち往生して……」

「ほかのグループのアメリカ人が一人、オマで川に落っこちたよな」

「あの時は、ロブザンが助けなかったら、ほんとにヤバかった。ロブザンは今、元気にしてる？」

「元気だよ。あいつは今、パドゥムで、結構いい仕事に就いてる。もう一人、トゥンドゥプは今も、ザンラで大工をやってるはずだ」

「あれから、ずいぶん時間がたったな」

「俺も、今年で四十だ。タカ、お前は今、いくつだ？」

「四十九。もうすっかり、ガッポ（年寄り）だよ」

パドマはククッと笑いながら、タマネギをナイフで刻みはじめた。十一年も前のあの旅を、彼が今も鮮明に憶えていたことに、僕は少し驚いていた。彼はこれまで二十年以上もの間、数え切れないほど何度もチャダルを行き来してきたというのに。

しばらくすると、びっくりするほどたくさんの薪を抱えて、ゾクパが洞窟に戻ってきた。こんな岩だらけの世界のどこで、これだけの量の薪を見つけてくるのだろう。チャダルパたちしか知らない場所が、それぞれの洞窟の近くにあるのだろうか。

「よくやった、ゾクパ。さすが、チンチンでけえだけのことはあるな！」

「カムロッコ（ひどい）！　タカ、パドマはほんとにひどいやつだよ！」

パドマのおちょくりに、「ひどい。ほんとにひどい」とぶつぶつ言いながらも、ゾクパはどこか愉しげに、薪を組んで焚き火の支度をしている。僕が、ザンスカール方言のトネタまで聞き取れる人間とわかったからか、だいぶ打ち解けてきてくれたようだ。

焚き火が洞窟の内側を赤く照らすようになった頃、外はすっかり、藍色の闇に包まれていた。晩飯は、ジャガイモのカレーと、圧力鍋で炊いた米飯。身体を温め、明日も一日歩き通せるように、おかわりをして、しっかり腹に詰め込む。

食べ終えてしまうと、夜は、まったく何もすることがない。洞窟の外で歯を磨いてから、焚き火の火の粉が届かない場所にマットレスを敷き、寝袋を広げ、中にもぐり込む。上着のパーカは、爪先が冷えないように、寝袋の中で足元の方に押し込んでおく。帽子のひさしを下ろして目元まで覆い、寝袋から顔の出る部分をめいっぱい絞って、鼻と口元だけが外気に触れるようにする。ここまでしないと、寒くて眠れない。

今日はどうにか、乗り切った。明日は、どうだろうか。

一月十九日

昨日の夜は、寝袋にもぐり込んでから眠りに落ちるまで、結構時間がかかった。同じ洞窟に泊まっていたザンスカール人たちが、焚き火のそばでおしゃべりしながら、ソリに付着した氷を石ころでカンカン叩き落とし続けていたからだ。氷がソリに付いたままだと重くなるし、滑りも悪くなるので、必要な作業なのはよくわかるのだが。

ようやくうとうとしかけた頃、急に顔のあたりを、至近距離から懐中電灯で照らされた。何かと思って寝袋から顔を出すと、ザンスカール人の中年の男が一人、僕が枕元に置いていたラバーブーツを持ち上げて、懐中電灯で照らしながら、しげしげと眺めていた。

「……いいブーツだな、おい！」

男はニッと笑うと、僕のブーツを置き、仲間のところに戻っていった。あれはいったい、何だったんだろう。

その後は、途切れとぎれではあったが、それなりに眠れた。寒いのは寒かったが、焚き火のぬくもりが滞留する洞窟の中は、そこまでどうにもならないほど冷え込みはしなかった。

七時頃に目が覚める。ほぼ同じ時刻にパドマも起きて、ケロシンストーブで湯を沸かし、チャイを淹れてくれた。朝飯は、テントゥク。昨夜のカレーの残りに、小麦粉を練ってちぎったものを入れて少し煮込んだ、トゥクパの一種だ。ほんの一時間ほどの間にあれこれ作ってしまうパドマの手際のよさは、さすがだと思う。

食事の後、荷物をまとめてソリに積み、九時少し前に出発。空には、薄い雲が少したなびいている。足元の氷が、朝の光に照らされた山肌を映して、琥珀色に染まって見える。

昨日の行程に比べると、パルダル・ツォモから先のチャダルの状態は、あまりいいとは言えなかった。まだ凍って間もない、表面のやわやわした氷の上をおっかなびっくりで歩いたり、川岸から幅一メートル足らずしか凍っていない場所を、用心深くすり抜けたり。歩きはじめてから約二時間後、ホトン・ゴンマと呼ばれる洞窟の手前にさしかかると、氷の状態はさらに怪しくなった。

右岸からオーバーハング（垂直以上に傾斜している状態）した岩壁がせり出している場所で、パドマとゾクパは立ち止まった。岩壁のすぐ近くには、氷がない。左に流れる川の水との間には、幅二メートルほどの氷があり、前日に行き来したソリの跡も残っている。でも今は、そのままソリを引いて通るには、氷の厚みが心もとなく見える。

「こっち側からなら行けるか……？」

パドマは、杖で氷をつついて確かめながら、ほんの少し、ソリの跡の左側に足を踏み出した。次の瞬間、すとん、と、パドマの身体が半分以上沈み込んだ。金魚すくいのポイが急に破れたかのように、足元の氷が、抜けてしまったのだ。

「パドマっ！」

横にいたゾクパがとっさに反応して、パドマの左腕をつかむ。パドマの身体は、腰まで水に浸かったあたりで、かろうじて止まった。ゾクパが脇から抱えて、氷の上に引きずり上げる。

「くそっ！　やられた！」水滴を滴らせながら、パドマは苛立たしげに立ち上がった。「昨日まで、ここは問題なかったと聞いてたのに！」

「大丈夫か？　早く着替えないと……」

「とりあえず、このいまいましい場所をさっさと抜けよう。ゾクパ、こっち側はダメだ。岸に近い方を探れ。あっちは水は多いが、下の方に氷はまだあるはずだ」

「あっち？　うわ、怖いなあ……」

ゾクパはそう言いながらも靴下を脱ぎ、ジャージパンツとタイツをまくり上げ、素足にラバーブーツを履き直すと、片手で杖を突きながら、水の中へと踏み込んでいった。パドマの言った通り、オーバーハングした岩壁の下は、太腿の半ばまで浸かる深さだが、その先の岸辺まで、歩けなくはないようだ。

「おーっ、ほーっ、タンモー（冷たい）！」

「行けるか？」

「歩けるよ。でも……あーっ！　冷たいよ！」

「でかした、ゾクパ。一度戻ってこい。ソリを担いで渡るぞ。タカ、お前も行けるか？」

行けるも何も、行くしかない。

僕は、ラバーブーツと靴下を脱ぎ、タイツとパンツを腿の付け根までまくり上げ、パドマが履いていた濡れたブーツを借りて、素足に履いた。おそるおそる、氷水の中に踏み込む。あまりの冷たさに、足の皮膚が締めつけられるようにズキズキと痛む。一歩ずつ、足の下の氷の感触を確かめながら、ゾクパがさっき歩いた跡を踏み外さないように、慎重に進む。ほんの四、五メートルほどの距離なのだが、表面に氷が張っていないだけで、人間は、これだけ苦労しなければならない。

「あーっ、くそっ！　マー・タンモ（すっげえ冷たい）！」

それでもどうにか渡り終えた僕は、岸辺に這い上がると、貸してもらっていたブーツを脱ぎ、逆さにして水を出してから、片方ずつ、パドマの手元に放り投げた。

「大丈夫か、タカ？」

「ティク、ティク（大丈夫、大丈夫）！」

「よし、そこで待ってろ。俺たちも行く！」

パドマとゾクパは、それぞれソリを背負い、一人ずつ、氷水の中へと踏み込んでいく。重い荷物を背負っている分、水の中で足を滑らさないように歩くのは、僕の時よりはるかに難しいはずだが、二人とも慎重に、でも危なげなく渡りきった。濡れて真っ赤になった足をタオルで拭い、靴下とブーツを履き直す。パドマは、下半身の服をすべて予備のものに着替えている。すっかり濡れてしまった彼の服は、早くもカチカチに凍りつきはじめていた。

「ひどい目にあったな。どうする？　これから」

「ティップ・バオまで、そんなに遠くない。とりあえず、あそこまで行こう。ティップ・バオに今夜泊まれば、明日には、余裕を持ってニェラクに着ける」

半分凍りかけた防水素材のパンツを、顔をしかめながら両手で絞るパドマを見て、僕は、わかっていたはずの当たり前のことを、あらためて思い知らされた。チャダルでは、いつ、何が起こるかわからない。パドマのような熟練のチャダルパにすら、時にこうして牙を剝く。

ホトン・ゴンマの麓を過ぎ、しばらく歩き続けていると、川べりの岩場に、五、六人のグループが腰を下ろしているのが見えた。先を歩いていたパドマが、彼らと何やら話をしている。

「ここからティップ・バオまでは、三十分もかからない距離なんだが、その手前に、氷の状態がかなり悪い場所があるそうだ。ニェラクから来るグループは全部、そこで足止めを食ってるらしい。こいつらも、今日はこれ以上進むのはやめると言ってる」

「まいったな。僕らはどうする?」

「ホトン・ゴンマまで引き返して、あそこの洞窟に泊まろう。今、引き返せば、ほかの大きなグループが来る前に、寝場所を確保できる」

「そうするしかないね。わかった」

僕たちは、歩いてきた行程を三十分ほどかけて、ホトン・ゴンマまで引き返した。ここの洞窟は、昨夜のパルダル・ツォモよりも少し高くて急な崖の中腹にある。あまり大きな洞窟ではなく、中には焚き火の灰が分厚く積もっている。今夜は、ほかのグループのポーターたちも大勢やってきそうだったので、僕は洞窟の外側の狭い空き地に、自分のテントを張らせてもらうことにした。

昼飯は、缶詰のグリーンピースを足したメギ。食事の後、ゾクパはまた、薪を集めにどこかに出かけていった。麓のキャンプサイトには、大人数のグループが次々と到着していて、大小のテントを張る作業をしているのが見える。

「晩飯は、昨日と同じでいいか？　ジャガイモのカレーだけど」

「いいよ。ほかに材料もないだろうし」

ステンレスのボウルとスプーンを片づけているパドマに、僕は訊いた。

「ゾクパとこうして旅をするのは、初めて？」

「いや、前にもある。……あいつが十歳くらいの時だったかな。俺がガイドをするマルカ谷へのトレッキングに連れていった。コックの手伝いをさせるために」

「そういえば、彼は今、ラムドンの十二年生だよね。大事な試験があるんじゃなかったっけ？」

インドでは、十二年生の時に受ける全国統一試験の成績が、その後の進学に大きく影響する。同学年の子たちは今、脇目も振らずに勉強しているはずだった。

「試験はあるよ。あいつも教科書を持ってきてる。でも、ゾクパはたぶん、大学には行かない」

「どうして？」

「家の事情だ。あいつは子供の頃に、母親を亡くしている。シラプーの実家にいるのは、父親一人だ。経済的にも苦しい。あいつを大学にやるのは難しいだろう。今回の旅でゾクパに声をかけたのは、少しでもあの家の金の足しになればと思ったからだ」

そう言ってパドマは腰を上げると、洞窟の石塀の上にひっかけていた、濡れた服を触って確かめた。皺を伸ばすのも難しいほど、すっかり凍ってしまっていて、少々焚き火にかざしたくらいでは乾かなさそうだ。

「……あんなミスは、初めてだ」思い出すのもくやしそうに、彼は呟いた。

「膝のあたりまで川にはまった経験は、何度かある。でも、今日みたいに身体ごと落ちたことは、一度もなかった。……くそっ！」

そう呟くパドマの目には、あの鋭さが甦ってきていた。昔の彼に常にみなぎっていた、あの、隙のない鋭さが。

一月二十日

テントの中は洞窟よりも寒く感じたが、それでも、まずまず眠れた。七時前に目が覚める。テントの外に出ると、ちょうどパドマも洞窟の方で起きて、朝飯の支度を始めたところだった。お湯とチャイ、そして昨日と同じように、晩飯のカレーの残りを使ったテントゥク。

「昨日通れなかったところをさっさと抜けられれば、夕方までには、ニェラクに着ける」鍋のテントゥクをおたまでかき混ぜながら、パドマが言う。「屋根のあるところで寝られるぞ、今夜は」

テントを畳み、荷物をまとめ、ソリに積む。九時少し前に出発。天気は薄曇りで、ところどころに淡い青空がのぞく。歩きながら、足元の氷の状態を確かめる。昨日とそれほど差はないように思えるが、どうだろうか。

歩きはじめて一時間ほどで、問題の場所に着いた。

右岸に約三十メートル、急な崖が続いている。崖の下の方はオーバーハングしていて、その部分の氷は、昨日の時点ではすっかり剥がれ去っていたようだが、今は二、三十センチほどの幅で再び凍りはじめている。とはいえ、ほとんどの場所は、膝くらいまでの深さの水の中を歩かなければならない。崖沿いには、別のグループが設置したものなのか、水面から一メートルほどの高さに登山用のロープが張り渡されている。

向こう側から、二十人ほどのインド人グループが、ロープ沿いに数珠つなぎになって、こちらに渡ってこようとしている。うろたえたような甲高い悲鳴が、あたりに響き渡っている。その後に、さらに二、三十人ほどの大きなグループが待機しているようだ。僕たちの背後からも、もうすぐ数十人のインド人グループが到着するだろう。

こちら側にも向こう側にも、インド人グループとほぼ同じくらいの人数のポーターたちがいる。彼らは水の中ではなく、ソリを担ぎ、崖を十メートルほどよじ登って、川面にオーバーハングした部分の上を巻くように移動している。そこに道などあるはずもないが、一定の高さまで崖を登れば、伝い歩きで抜けられる足場はあるようだ。崖から向こう側の氷に降りる部分にも、別のグループがつけたロープが垂れ下がっている。

「どうする？　下か、上か」

「二人は上からだろ？　僕も上かな……。下からだと、あの人たちが前につっかえたら、ずっと氷水の中で待たされることになる」

「だな。しかし、上から行くのも、結構待たされそうだ。あの人数だし」

「まずは、僕が登った方がいいよね。僕が一番のお荷物だから」

手袋を、岩場を登攀《とうはん》する時に使う分厚いものにはめ替える。ゾクパが僕より先に、空身で崖を登りはじめた。少し上から僕に、手がかりと足がかりを指示してくれる。こびりつく雪でラバーブーツの靴底が滑らないように、足場を一つずつ確保しながら、左右の岩をつかみ、身体を持ち上げていく。焦らず、ゆっくり、確実に。余計なことはいっさい考えず、手足の先に神経を集中する。五分ほどかけて、両足で立てる平坦な場所にまで辿り着いた。

「タカ、ちょっと待ってて。ソリを担いで戻ってくるよ」

ゾクパは身を翻し、するすると崖を下っていった。カメラザックを足元に置き、周囲を見回す。すごい人の数だ。下の方で氷水の中を歩いているインド人グループの様子は、オーバーハングした崖に隠れて見えないが、彼らの阿鼻叫喚の叫び声は、ひっきりなしに聞こえてくる。僕のいる崖の上も、左から、右から、大きなソリを背負った男たちがよろけながら歩いてくる。すれ違う時にぶつからないように、用心深く身体を避けなければならない。

「大渋滞だな！」三十分以上もたって、ようやくパドマとゾクパが、ソリを担いで登ってきた。

「タカ、今度はあっちを、ロープを伝って降りるぞ。俺が足場を教える」

緑色のロープが垂れ下がるその場所は、さっき登ったところよりもずっと急で、足元も見えづらい。ロープは使いつつも、頼りすぎないようにして、パドマの指示を聞きながら、足先を片方ずつ、慎重に足場に置く。焦らず、ゆっくり、確実に、集中して……。どうにか、無事に氷の上に降り立つことができた。

ほかのポーターたちが行き来するのを待たなければならなくて、パドマとゾクパがソリを担いで降りてくるまで、さらに三十分ほど待つ。ほんの数十メートルほどの区間を移動するのに、合計で一時間以上もかかってしまった。

そこから氷の上を少し歩いていくと、ティップ・バオの洞窟が対岸に見えてきた。こちら側の右岸には、キャンプサイトと茶店のテントがある。パドマは立ち止まると、外にいた茶店の主に「チャイ、スム(三つ)!」と声をかけた。

「あの程度の距離に、こんなに時間がかかるなんて」チャイの入ったコップを手に、パドマはため息をついた。「あんな人数で……どうかしてる」

「ここ最近、天気は割とよかったと思うけど、なんで昨日、急に氷が悪くなったんだろ? 晴れて朝晩冷え込む方が、氷は安定するよね?」

「確かに、寒いと氷は分厚くなる。でも、急に寒くなりすぎると、それはそれでよくない。川が真ん中の方まで完全に凍ると、流れがせき止められて、氷全体が破裂してしまう。寒すぎず、暖かすぎず、ほどほどに寒い日がずっと続くと、チャダルは安定するんだ」

「なるほど。ここから先、ニェラクまでは大丈夫?」

「どうかな」パドマは眉をひそめた。「チャダルの氷は、ほんの数時間で変わってしまう」

チャイを飲み終え、僕たちは再び歩きはじめた。雲間からうっすらと陽が射して、氷が白いすりガラスのように、光を淡く反射させている。一度破裂してまた凍りついた氷が、川面のところどころで盛り上がって、数十センチもの断面をのぞかせていた。

ゾクパは、自分のスマートフォンをソリの荷物の上にモバイルバッテリーと一緒にくくりつけ、インドの歌謡曲を鳴らしながら歩いている。モバイルバッテリーは太陽電池パネル付きのもので、光に当てていれば、多少は充電できるらしい。

「あのバッテリーは俺が買ったのに。あいつ、自分ばかり使いやがって」とパドマ。ゾクパは「まあまあ」とおかまいなしに、のん気なメロディに合わせて身体を揺らしながら、ひょいひょいと歩いていく。

二時間ほど歩き続けて、陽当たりのいい河原で昼飯。二人はビスケットを一袋開け、湯を沸かしてインスタントコーヒーを淹れ、それからメギを作りはじめた。岩に積もった雪をはたいて腰を下ろし、コーヒーをちびちびすすりながら、周囲を見回す。氷のかけらを浮かべた深藍色の水が、ひっそりと、でも圧倒的な力を湛えたまま、北へと流れていく。岸辺近くの氷に、誰かが踏み抜いた足跡がそのまま穴になって空いていて、下を水が流れているのが見える。静かだ。ケロシンストーブの作動音だけが響いている。

しばらくすると、ザンスカールの老人が一人と、もう少し若い男が一人、二十代くらいの女の人が二人、僕たちの来た方向からやってきた。パドマと少し言葉を交わし、先を急ぐように通り過ぎていく。

「リンシェの村人だ。ニェラクの先にある分岐から谷を遡って、村に帰るらしい。俺たちも、食べ終わったら、さっさと行こう。ニェラクまでは、まだ距離がある」

食事を終え、再び歩き出してから十五分もしないうちに、次の試練が訪れた。

休憩中に僕たちを追い越していったリンシェの村人たちが、川の左岸で輪になって座っている。パドマとゾクパが彼らに声をかけ、しばらくの間、話し込む。

「この先の氷の状態が、よくないそうだ」パドマが僕を見て、肩をすくめながら言う。「氷がまだ新しくて、柔らかすぎるらしい。距離にして、二、三十メートルくらい」

「あの人たちは、どうするって？」

「このあたりで野営をして、氷が固まるのを待つそうだ。氷の上を歩けるようになるまで、どのくらいかかるかは、わからない。一日かもしれないし、三日かかるかもしれない」

「左の崖を登って迂回するのは、無理？」

「リンシェの連中は、ここは危なくて登れない、と言ってる。でも、俺は……」

パドマは目を細めながら、左岸にそびえる崖を見上げる。

「……三年くらい前に、ここを登ったことがある。客も一緒だった。ちょっと登って、状態を確かめてくる。ゾクパ、一緒に来い」

「クレア、クレア（気をつけて）！」

二人は、ソリと僕を残し、空身で崖をよじ登り、視界の外へと消えていった。彼らが登っていった崖は、かろうじて伝い歩きできそうな高さまで行くだけでも、十数メートルはある。午前中に登った崖とは、比べものにならないほどの急斜面だ。僕の目には、どこを手がかりや足がかりにできるのかすら、わからない。地元の村人すら尻込みするこの場所を、僕なんぞが抜けられるのか……。

二十分ほどたってから、二人が戻ってきた。

「オッケー、途中まで見てきた。二カ所ほど、難しい場所がある。でもまあ、俺たちなら、抜けられるさ。下の氷も、明日確実に歩けるようになる状態には見えないしな。どうする?」

パドマがわざと軽い調子で話しているのは、僕をリラックスさせるためだとわかっていた。何度かきわどい目に遭った十一年前のチャダルの旅でも、「難しい場所」だなんて言葉を彼の口から聞いたことは、一度もなかったからだ。少なくともここは、僕が今までに経験したことのない「難しい場所」だということだけはわかる。

どうするか。危険は、なるべく冒したくない。だが、ここで安全策を選べば、さらに一日以上、下手をすると二日か三日、遅れる可能性がある。

「わかった。行こう」気がつくと、僕はそう口にしていた。「ゾクパ、悪いけど、僕のカメラザックを運んでくれ。僕は空身でないと、ここは登れないと思うから」

「よし。ゾクパ、お前はタカの後ろから来い。前と後ろで挟んでフォローするぞ」

登攀用の手袋をはめ、パドマの後から、崖を登りはじめる。岩壁の傾斜は、見た目以上に急だ。表面はツルツルと滑りやすく、手がかりや足がかりになりそうな窪みや突起も、せいぜい

四、五センチほどの段差しかない。しかもそこには、半分凍った雪がへばりついている。ほんの一瞬、下を見た。ここで足を滑らせたら、どこにも引っかからずに十数メートル下の岩場に叩きつけられ、跳ね返って、川に落ちてしまう。

「このでっぱりを、つかめるか?……よし。次は右足を、そこの段差に。雪はあるが、焦るな……大丈夫か? よし。左手は……そうだ、それでよし。じゃあ次は、左足を……ゾクパ、そっちから足場が見えるか? よし。タカ、ゆっくりでいい。一歩ずつ行こう……」

焦るな。ゆっくり、確実に。余計なことは考えるな……何だ? どうして、呼吸が、こんなに荒くなってるんだ? 落ち着け。集中しろ……集中? ここで? 平常心? 冗談じゃない。そんな状態でいられるわけがない。怖い。無理だ。逃げ出したい。逃げられない。前に進むしかない。

僕のために、ともに旅してくれている、この二人を、信じるしかない。

二十分か、あるいは三十分くらいだったかもしれないが、僕にとっては、気が遠くなるほど長い時間に感じられた。わずかなデコボコを足がかりに急斜面を伝い歩き、再び崖を下って、岩だらけの河原に降り立つ。そのとたん、全身に張りつめていた緊張が解けて、僕は地面にしゃがみ込んでしまった。

「タカ、お前なら、大丈夫だとわかってたよ」僕の波打つ肩を、パドマが、ぽん、と叩いた。

「しばらく、ここで待っていてくれるか? 俺たちはもう一度戻って、荷物を運んでくる。ゾクパ、行くぞ!」

再び身を翻して岩稜を登っていく二人を見送ると、僕は大きめの岩に腰を下ろし、ゾクパが運んでくれたカメラザックから、自分用の携行食のチョコレートを取り出した。呼吸が、まだ落ち着かない。チョコレートの袋を開けようとする指先が、小刻みに震えている。硬く冷たいチョコレートのかけらを口に含んで、ゆっくりと溶かす。

シャリシャリと音を立てながら、シャーベット状の氷が、目の前の川を流れていく。岩壁の黒い地層に沿って縞模様を描く、白い雪。風が冷たい。いつのまにか、陽が陰っている。大気に、雪の気配が漂っている。

冒険とは、自分で自分の命の手綱を握れる者だけが、口にすることのできる言葉なのだと思う。パドマとゾクパに助けてもらわなければ、僕は、この岩壁を登ることすらできない。僕には、自分は冒険をした、などと言う資格はない。

ただただ、自分が情けなかった。

パドマとゾクパが、ソリを背負って崖を降りてくるまで、それから一時間近くかかった。二人はほとんど休もうとせず、ソリを引いて足早に歩きはじめた。彼らにはわかっていた。今日はあまりにも、時間がかかりすぎている。陽が沈む前に、三人が泊まることのできる場所まで急がなければならない。

黙々と、一時間半ほど、歩き続けただろうか。周囲が次第に薄暗くなってきた頃、パドマが足を止めた。

「あと三十分ほど歩けば、ニェラクだ。でも、あの村の手前は、氷が荒れていることが多い。今はどんどん暗くなってきている。この時間帯に、あの場所を抜けるのは危ない」

「じゃ、どうする？　河原でテントを張る？」

「この右側の斜面の上に、洞窟があるんだ。ダンブーチェンという名前の。小さいけど、三人なら、余裕で寝られる。今夜はそこに泊まろう」

洞窟までは、雪の積もった岩だらけの危なっかしい急斜面を、ジグザグに登っていかなければならなかったが、さっき登り下りした崖に比べると、平地も同然に感じられた。本当に小さな洞窟で、風除けの石塀の内側に、炊事道具と三人分の寝袋を広げたら、ほとんどいっぱいになってしまう。パドマはすぐに晩飯の準備に取りかかり、ゾクパは洞窟の入口脇に残されていた薪を使って、火を熾しはじめた。

「明日、ニェラクの茶店で、メギを何袋か買い足しておこう」ケロシンストーブのポンプを手でくりかえし押し込みながら、パドマが言う。「砂糖も、もしあれば、買った方がいいかもしれない。ツァザルの俺の家に着けば、その後は問題ないんだが……」

「順調に行けば、明日の夜は、ツァラク・ド、だっけ？」

「そうだ。ツァラク・ドは、洞窟でも村でもない。道路工事の連中が拠点にしてる場所だ。今は冬だから、留守番の男とその女房がいるだけだがな。ツァラク・ドから先は、地面の上を歩いて行ける」

洞窟の外は、みるみるうちに闇に包まれていく。パドマの判断は正しかった。この暗さの中でチャダルを歩くことは、自殺行為に等しい。

「……カー（雪）だ！」

ヘッドランプをつけた頭で、ゾクパが外を見ながら言う。確かに、雪だ。洞窟の内側にも、ちら、ちら、ちら、と舞い込んでくる。

「雪かあ」僕は両膝を抱えながら、宙を舞う雪を見上げた。「パドマ、どう思う？　明日、ニエラクの先には、オマがあるぞ」

「さあな。あそこの氷は、今は大丈夫なはずだが……明日も雪が止まないと、厄介かもな」

晩飯は、ダールと米飯。さすがに、こてんぱんに疲れていて、食べ終えると、すぐに眠くなってしまった。早々に寝袋にもぐり込む。ゾクパは、燃え残りの焚き火の前にしゃがんだまま、両手でスマートフォンをいじり続けている。電波など届くはずのない、この洞窟の中で。

一月二十一日

目を覚ますと、洞窟の石塀の上に、雪が二センチほど、新しく積もっていた。雪は石塀の内側にも吹き込んでいて、鍋や水汲み用のポリタンクも、白く埋もれている。寝袋はぎりぎり大丈夫だったが、連日の結露で、かなり湿ってきている。この先、どこかの村の暖かい部屋で、乾かせるといいのだが。

ゾクパは薪で火を熾し、昨夜の残りのダールを鍋で温めている。パドマは、三人分のチャイを淹れた後、練った小麦粉の生地を両手の間で叩いて丸く伸ばし、チャパティにして、小さなフライパンで焼きはじめた。ラダック人やザンスカール人でも、ほとんどの人はまな板とめん棒を使ってチャパティの生地を形にするが、パドマはピザ職人顔負けの手際で、手だけで器用に作ってしまう。

「うちのシェフは、すばらしいなあ」焚き火の前でチャイをすすりながら、ゾクパが笑う。

「うるせえ。ダールはどうだ？　ちゃんとあっためとけよ」

今は止んでいるが、雪の気配は、まだ大気から消えてはいない。食事を終え、荷造りをしてソリに積み、九時頃に出発。岩だらけの急斜面を慎重に下り、氷の上に出る。
二、三十分ほど歩いていくと、左岸に、高さ十数メートルはある氷の滝が見えてきた。チャダルの行程の中でももっとも大きな滝の一つで、今は上から下まで、完全に氷結している。その少し先、左右から崖がぐっとせり出している場所には、昔ながらの丸太と板で作られた小さな橋と、鉄骨で組まれた橋が、並んで架かっている。
「ニエラク、だ」橋をちらりと見上げながら、パドマが言う。

「このあたりの氷も、今朝は問題なさそうだな。茶店に少しだけ寄って行こう」

ニエラクの村自体は、この橋のたもとから南に、一時間ほど斜面を登った先の高台にある。橋のたもとのあたりはニエラク・プルと呼ばれていて、かつては、家畜の寝床や物置に使う石造りの小屋が数軒あっただけだった。今では、大人数のグループでも雑魚寝で泊まれる簡易宿泊所が建てられている。チャダルを訪れるインド人グループのほとんどは、このニェラク・プルで一泊して、来た道を引き返していく。

「全然、人の気配がないね、宿泊所に。誰も泊まってないのかな？」

「昨日のあの場所を、抜けられなかったのさ。ほかのどのグループも」さらりとパドマが言う。

宿泊所の向かいにある簡素な茶店に入り、メギを三袋、砂糖を一袋、予備のマッチを買う。パドマは代金を支払って品物を受け取りながら、しばらくの間、店番の村人と話し込む。

「……ここから先の話、だよね？」

買った品物をバックパックに押し込んでいるパドマにそう聞くと、彼はうなずいた。

「昨日の時点では、特に問題なかったらしい。オマにも、歩いて通れるだけの氷はあったそうだ。今日どうなってるかは、行ってみないとわからないが……。よし。行くぞ、ゾクパ」

オマは、ニェラク・プルから少し西にある、チャダルの行程の中でも一番の難所だ。川の両岸はほぼ垂直に切り立った崖で、川の流れも狭くて速く、氷が安定しない。十一年前のチャダルの旅では、往路の時にオマの氷が不十分だった上、雪も降り止まなかったので、丸二日、ニェラク・プルの石小屋で待ち続けなければならなかった。その時は結局、雪が小止みになった日に、オマの崖に打ち込まれている鉄筋の足場とロープを伝って、かろうじて通り抜けることができた。当時、別のグループのトレッカーが川に落ちて、あわや、という事態に陥ったのは、この場所だ。チャダルを旅するツアーグループのほとんどが、ニェラクで折り返すのは、オマを通過する危険を冒したくない、という理由も大きいと思う。

ニェラク・プルを出発して、三十分ほど歩き続けると、そのオマが見えてきた。見上げると首が痛くなるほど高くそびえる、両岸の断崖。狭間を流れる川には……左右の岸にそれぞれ幅一、二メートルほど、白い氷が張っていた。ほっとした。この難所を、何も考えずに二本の足で歩いて通り抜けられることのありがたさ。大丈夫とわかってはいても、つい、早足になってしまうのだが。

「楽だったな、今日のオマは」ソリを引きながら、パドマが僕をふりかえる。たぶん彼も、十一年前のこの場所での苦労のことを、また思い出していたのだろう。

「この調子なら、夕方には、ツァラク・ドに着けそうだ」

チャダルの氷は、時と場所によって、さまざまな表情を見せる。

一番多く見られるのは、上に積もった数センチの雪と、ある程度一体化している氷だ。踏みしめると、さくさくとした感触で、靴底もほとんど滑らず、歩きやすい。

表面に薄い氷の層がいくつもできている場所は、足を載せると、カシャンカシャン、パリンパリンと、表層が派手に割れる音がする。でも、こういう軽い音のする場所は、意外と下の氷が安定している。靴底もそれほど滑らない。

気をつけなければならないのは、凍りついてから間もない、表面に雪の積もっていない氷だ。スケートリンクのようにツルツルと固い氷は滑りやすく、それが波打ったまま凍っている場所だと、もっと厄介だ。下手な転び方をすると、骨折さえしかねない。

さらに困るのは、そうしたツルツルの氷の表面に、降ったばかりの新雪がうっすらと積もっている場合だ。パッと見は、雪が氷と一体化して安定している場所と似ているのだが、実は、表面に雪のない氷以上に滑りやすい。見誤ってうかつに踏み込むと、まったく何の摩擦もないまま、スルッと滑って転倒してしまう。

だから、チャダルを歩く時には、常に足元に視線を向けて、その氷がどういう状態なのか、神経を尖らせて見極める必要がある。氷の上を一日歩き続けていると、体力も消耗するが、それ以上に神経がぐったりと疲れてしまう。

オマから先の行程では、氷の状態は比較的安定していたものの、昨夜降った雪のせいで、けっして楽に歩ける状態ではなかった。氷にうっすらと雪が積もった場所は、四つん這いにならなければ進めないほど滑りやすいし、雪の多い場所では、ラバーブーツが足首くらいまで埋もれてしまう。パドマもゾクパも、新雪の中でソリを引き続けるのに苦労している。

「俺たち以外の別のグループが、先にここを通っていたら、まだましだったんだがな」

腰のあたりでソリの引き紐を握りしめながら、パドマがぼやく。

「今日は雪で、ソリが重い。俺とゾクパが、道を作ってやってるようなもんだ。ゾクパ、前を行け。俺はガッポ（年寄り）だから、しんどい」

「えーっ」

ゾクパはそう言いながらも先頭に立つと、急に、こんな即興の歌を歌いはじめた。

「タカ・イズ・グーッド、エブリシング・グーッド！　パドマ・イズ・バーッド、エブリシング・バーッド！」

「バカが。タカ、あいつはほんとにバカだ」

そんなやりとりをして笑い合いながら、僕たちは、チャダルを歩き続けた。

十一時、リンシェの村へと続く渓谷との分岐点を通過。十二時、ティップ・ゴンマという洞窟の前に到着し、河原でチャイと、スパイスで味付けしたマカロニの昼飯。一時過ぎに再出発。ほどなく、左側にそびえる崖の中腹に、大きくえぐられたような溝が横に走っているのが見えてきた。川面からは、十メートル以上高い位置にある。

「あれは……」

「道路が見えてきたな、ザンスカールからの」

「こんなところまで、伸びてるのか！」

「ああ。あと何年かしたら、ニェラクまでつながるだろうな」

ザンスカール川に沿って、ラダックとザンスカールの間を直接つなぐ道路を作る工事は、かれこれ十数年前から行われていた。政治的な事情で停滞していた時期もあったそうだが、今は、着々と道路が延伸されているようだ。

「どんどん短くなっていくね、チャダルが……」

「今は地元の人間なら、氷の状態さえよければ、道路のない区間を、二日で歩いて抜けられる」

冬は積雪で通れなくなる峠道と違って、比較的標高が低くて平坦なザンスカール川沿いの道が完全に開通すれば、ほぼ一年を通じて、車やバスで行き来できるようになるだろう。いつか、その日が来たら、チャダルは……。

「タカ。俺とゾクパは、もうしばらく、川の氷の上を歩く。ソリを引くには、こっちの方が楽だ。お前はどうする？」

「そうだな……僕は道路に上がるよ。上から、二人が歩いている様子を写真に撮りたいし」

「わかった。ゾクパ、タカがここから崖を登るのを、手伝ってやってくれ」

やっと、地面の上を歩けるようになる。ほんの一、二秒、ふっと気を抜いて、ゾクパの方に身体を向ける。そのとたん、ツルッ、と足が滑った。

「うわ！」

しまった、と思う間もなく、僕の身体は宙に浮き、縦に半回転して、バン！と背中から氷に叩きつけられた。その衝撃で下の氷も、ベコッ！と凹むように割れた。

「タカ！　大丈夫か？」

「痛ってえ……ああ、何とか……」

川に落ちたと一瞬思ったが、割れた氷の下は、さらに下の層の氷まで空洞になっていて、服もカメラザックも濡れずにすんだ。したたかに打ちつけた左手をさすりながら、カメラザックを開け、中のカメラとレンズを一通り点検する。何か壊れていても不思議ではないほどの衝撃だったはずだが、すべて大丈夫だった。転んだ時に凹むように割れた氷が、結果的に、うまく衝撃を吸収してくれたのかもしれない。

「タカ、お前自身は大丈夫なのか？」パドマが近づいて言う。

「うん、たぶん」そう答えながら僕は、左右の手を握ったり開いたりしてみた。「どこも、折れてない。明日になったら、ちょっと痛いところも出てくるかもしれないけど」

「タカ・イズ・グーッド、エブリシング・グーッド！」

ゾクパの脳天気な即興の歌に、僕は思わず吹き出した。それにしても、ほんの一瞬、油断しただけで、これだ。チャダルはやっぱり、甘くはない。


空も、岩も、雪も、氷も、すべてが鈍色に閉ざされた世界。雲を透かして、ほんのかすかに、太陽が仄白い光を放っている。

未舗装の道路の上から、谷全体を見渡していると、チャダルでソリを引きながら歩き続ける二人が、どれほど巨大な自然に立ち向かっているのかを、まざまざと思い知らされる。ザンスカールの人々は、はるか昔から、真冬にだけ現れるこの幻の道を、己の力だけを頼りに旅してきたのだ。幾世代にもわたって、知恵と経験と、したたかさと、勇気を受け継ぎながら。

これから、チャダルは、ザンスカールは、どうなっていくのだろう。そんなことをぼんやりと考えながら、僕は、雪の積もった石ころだらけの道を歩き続けた。

夕方の四時半頃だっただろうか。行く手に、カマボコ型の建物がいくつか建ち並んでいるのが見えてきた。その近くには、防水布で覆われたショベルカーやブルドーザーが並んでいる。

ワウワウ、という吠え声とともに、褐色の犬が一匹現れて、雪の上を転がるように近づいてきた。片方の後ろ足が不自由で、あまり速く走れないようだ。

くんくんと鼻面をすり寄せる犬の頭を撫でていると、奥の建物から、黒の上着に濃緑の帽子をかぶり、ひげをたくわえた男が姿を現した。

「ラマ・シェルパだ」パドマが言う。「冬の間、このツァラク・ドで留守番をしている」

「どこから来た人？　ザンスカール人？」

「ネパール人だが、俺たちの言葉も話せる。やあ、ラマ・シェルパ！」

ラマ・シェルパは、雪の中を歩いてきて、パドマを一瞥した。

「おう、お前か。今日は、どこから来た？」

「ニェラクの向こうからだ。今夜、俺たちを泊めてほしい。空いている建物で構わない」

「ああ、いいよ別に。ほかに誰もいないし、何も言われないさ」

カマボコ型の建物群は、道路工事が行われる夏の間、作業員たちが寝起きしている宿舎だった。ラマ・シェルパはそのうちの一つを、自分と妻の家にしていた。彼は僕たち三人を家に招き入れると、妻にチャイを用意するように告げた。家の中の四分の一を占めているのは、仏を祀る祭壇だった。上着を着ていると暑いほど、ストーブがカンカンに焚かれていて、そこかしこに干された洗濯物から、むわっと湯気が立ち上っている。仕事とはいえ、長く厳しい冬の間、この家で暮らし続けるには、いったい、どれほどの忍耐が必要になるのだろう。

「……で、この人は、どこまで行くんだ？　パドゥムか？」ラマ・シェルパがパドマに訊く。

「プクタルだ。パドゥムから、ルンナクを歩いていく」

「プクタル？　遠いな。どうして、この時期に？」

「祭りがあるんだ。プクタル・グストル。こいつは、キダップ・ディカン（物書き）だから、その祭りを見たいんだそうだ」

ほう、という顔で、ラマ・シェルパは、ちらりと僕を見た。パドマは言葉を続けた。

「調べてくれないか。これから先、天気がどうなるかを」

「……わかった。見てみよう」

彼は右手を伸ばし、横に細長い形をした本を取り上げて、ページをめくりはじめた。本のページには、枠線で区切られた中に、チベット文字がびっしり書かれている。

「彼は……オンポ（占星術師）なの？」僕は小声でパドマに訊く。

「オンポではないそうだ。でも、似たような知識を持ってる」

ラマ・シェルパはページをめくりながら、いくつかの箇所を指さして確かめると、パドマにこう告げた。

「……今の天気は、そんなに急には変わらない。ここには、そう出ている」

「そうか。それならそれでいい。ありがとう」

「もうすぐ暗くなるから、これから三時間だけ、発電機を動かしてやろう。その間に寝床を整えて、自分たちのメシを作れ」

僕たちが泊めてもらえることになった、別のカマボコ型の建物は、上にベニヤ板を渡した寝台が三つと、中央にケロシンで焚く鉄製のストーブがあるだけの、殺風景な部屋だった。壁際のスイッチを入れると、天井の電球が明るく光る。四日ぶりの屋根の下、四日ぶりの電球の灯り。ゾクパは目ざとくコンセントを見つけ、自分のスマートフォンとバッテリーを充電しはじめた。僕も便乗して、カメラのバッテリーを充電させてもらう。パドマは部屋のストーブにケロシンを注ぎ込んで火を入れると、三つある寝台の一つに調理道具を広げ、晩飯のテントゥクをこしらえはじめた。

「そのベッドで料理をするなら、パドマはどこで寝るの？」ゾクパが不思議そうに訊く。

「お前と二人で、そっちのベッドに寝るんだよ」

「えーっ！　なんで？　三つあるのに！」

「くっついて寝る方が、あったかくていいだろ」

「ザンスカール流だよなあ、くっついて寝るの。僕は苦手だけど」

「やだなあ……三つあるのに……」

ぶつぶつとぼやくゾクパを、面白がって笑うパドマ。同じチャダルパでも、世代間のギャップは、それなりにあるようだ。

一月二十二日

　屋根があるというだけで、こんなにも安心して眠れるのか、と思う。目を覚まして上半身を起こすと、左の手首や、肩、腰など、身体のあちこちが微妙に痛い。氷の上で転んだ時の打ち身と、溜まった疲れによる筋肉のこわばりもあるようだ。

　パドマがお湯を沸かしてチャイを淹れ、ターメリックで味付けした米飯を用意してくれた。

「荷物のいくつかは、ラマ・シェルパに預けていこうと思う。ソリを一台、鍋と食器、ケロシンストーブも。もう一台のソリは、ゾクパがツァザルまで使って、俺の家に置いていく」

「それで大丈夫なら、全然構わないよ」

「ザンスカールに入ったら、荷物は最小限でいい。どこの村にも、誰かしら、知り合いはいる」

　食事の後、手早く荷物を仕分けてまとめ、カマボコ型の建物の外に出る。雪は降っていないが、空は今日も、鈍色の雲にぴたりと閉ざされている。風はない。寒さもさほど感じない。「寒さ」というものに対する感覚が、かなり麻痺してきているのかもしれないが。

　荷物を預ける件でパドマと話をしていたラマ・シェルパに近づき、昨夜の宿代として、二百ルピー札を渡す。彼はいったん受け取ると、微笑みながら、その紙幣をすっと僕に差し戻した。

「俺は、プクタルに行ったことがない。あそこのグストルも、見たことがない。だから、俺の代わりに、プクタルでこの金をお布施してきてくれ。それが、俺には一番嬉しい」

「わかりました。必ず、プクタルでお坊さんに渡してきます」

「頼むよ。気をつけてな！　また会おう！」

九時少し前に出発。今日からは、チャダルではなく、雪の積もった未舗装の道路の上を歩いていくことになる。パドマは、残り少なくなった食糧を詰めたバックパックを背負って歩き、ゾクパは、僕のダッフルバッグと残りの荷物を積んだソリを引いている。氷の上でない分、ソリを引くのは少し大変そうだ。

「……キー（犬）だ」とゾクパ。ふりかえると、昨日ツァラク・ドに着いた時に見かけた、後ろ足の不自由な犬が、五メートルほど後ろから、コロコロと転がるようについてきている。

「どうしよう？　パドマ」

「ほっとけ。そのうち戻るだろ……しっ！　タカ、あそこを見ろ！」

「どうした？」

「アイベックスだ！　左斜め上！」

彼が指さす先を見ると、雪の斜面に、五、六頭のアイベックスの群れが佇んでいた。ヤギ属に属する野生の哺乳類で、雄は身体の数分の一ほどもある巨大な二本の角を持つ。この群れにも、小さめだが角のある雄が二頭ほどいる。撮影するには、絶好の距離だ。

はやる気持ちを抑えながら、カメラザックから望遠レンズを取り出していると、背後にいた例の犬が、ワウワウと吠えながら、アイベックスの群れに突進していった。

「ええええ！　おい、ちょっと待っ……バカ！」

雪の中を転がるように突っ込んでいく犬を尻目に、アイベックスたちはすうっと踵を返して、丘の向こう側に姿を消してしまった。
「何やらかしてくれてんだ、あの犬……」
「残念だったなあ」そう言いながらも、おかしそうに笑うパドマ。「このあたりには、冬の間、アイベックスがたくさんいる。そのうち、また出てくるさ」

パドマの言葉は正しかった。それからしばらく歩いていくうちに、ザンスカール川を挟んではるか彼方の斜面に、大小合わせて三つのアイベックスの群れを見かけた。僕たちの歩いている左岸でも、十数頭の大きな群れに遭遇した。例の犬はツァラク・ドの方に引き返していたので、今度はじっくりと時間をかけて、写真を撮ることができた。頭を反らせると身体に刺さってしまいそうなほど、ひときわ大きな角を戴いた雄が、じっと僕たちを見つめていた。

逆に言うと、この日の行程で途中に出会ったのは、アイベックスたちだけだった。薄墨色に染め上げられた沈黙の世界を、僕たちはただ、歩き続けた。

ザンスカール川の両岸にそびえる山々は、依然として、高く険しい。鋭く尖った峰々は、黒曜石で作られた古代の石器を思い起こさせる。雪の積もった道路を歩く今日の行程は、川に落ちたり転んで怪我をしたりする心配はない。でも、時にくるぶしの上まで埋もれる雪の中を歩き続けるのは、やはり体力を消耗する。前に通った車の轍が残っている部分は、雪も少なく、固く締まっているので、できるだけ轍に沿って足を運んでいく。

出発してから数時間後、ザンスカール川の右岸のずっと離れた場所に、数軒の集落が見えてきた。ハナムルだ。このあたりから、ようやく、ザンスカールに入っていくことになる。パドマとゾクパは道端で立ち止まり、僕が追いつくのを待ってから、ビスケットの袋を一つ開けた。

「今日は、これが昼飯だ。タカ、調子はどうだ？」

「特に問題ないけど、もしかすると、左足の裏にマメができかけてるかもしれない」

「ピドモまで、まだ、だいぶあるぞ。歩けるか？」

「歩くのは問題ない。様子を見ながら、ゆっくり行くよ」

内側に断熱材の入っているラバーブーツは、チャダルを歩くにはうってつけだが、陸の上を長時間歩くと、中に湿気と熱が籠りやすく、それがマメの原因になってしまう。歩く速度を少し落とし、左足の裏になるべく体重をかけないように、用心しながら歩く。先を歩くゾクパがソリにくくりつけているスマートフォンから、のん気なインド歌謡曲のメロディが、今日もかすかに鳴り響いている。

やがて谷が開けると、ザンスカール川は、左右に大きくゆるやかな弧を描くようになった。その蛇行の先に、雪の上に薄く線を引いたように見える石垣と、背の低い家々が寄り集まった集落が見える。今夜、僕たちが泊めてもらう予定の村、ピドモだ。

空気が乾燥していて、はるか彼方の景色までくっきりと鮮明に見えるザンスカールでは、こんな風に目的地の姿が見えてからが、遠い。ピドモが視界に入ってから、ザンスカール川を横切る形で建設中の鉄橋を渡り、村の入口に辿り着くまで、たっぷり二時間以上もかかった。今日は、出発してから休憩もほとんど取らずに、六時間以上、歩き続けていた計算になる。

ピドモに来たのは、以前のチャダルの旅と、夏にトレッキングの途中で立ち寄った時を含めて、かれこれ四度目だ。深い雪に埋もれた村は、しんと静まり返っていて、屋外には人の気配がない。村の男たちは、冬の間、チャダルでのポーターの仕事などで、ほとんど出払っているという。

僕たちは、十一年前のチャダルの旅の時にもお世話になった、パドマの親戚のおばさんの家を訪ねた。おばさんは、以前住んでいた古い家から、すぐ近くに建てた平屋造りの新しい家に引っ越していた。平たい屋根の上には、冬の間にストーブにくべるための薪が積まれている。玄関から土間に入り、ブーツを脱いで、こびりついた雪をはたき落とす。

「ウェルカム・トゥ・ザンスカール！」パドマが右手を差し出す。

「ありがとう。どうにか来れたね」僕は手を握り返した。「でも、まだまだこれからだな」

家の台所には、中央に大きな鉄製のストーブがあり、それを壁に沿ってコの字型に囲むように、細長いマットレスと絨毯が敷かれている。空気がふんわりと暖かい。カメラザックを背負い続けてこわばっていた肩のあたりの筋肉が、ゆるんでいくのを感じる。

「この台所で、寝させてもらえるそうだ。荷物をここに運ぼう」

「やった。それはありがたいな」

壁際の絨毯の上に座り、靴下を脱ぐ。左足の裏、人さし指の付け根の下のあたりに、マメができかけている。幸い、完全な水ぶくれの状態にまでは悪化していない。明日、用心しながらゆっくり歩けば、大丈夫そうだ。

パドマの親戚のおばさんは、とても無口で、僕のことはほとんど憶えていないようだった。とりあえずの腹ごしらえにと、僕にはメギを、二人にはパバを作ってくれるという。パバとは、ツァンパ（炒った大麦の粉）を中心にお湯で練ったもので、ヨーグルトに野菜などを加えたタントゥルというものと一緒に食べる。おばさんは慣れた手つきで、ストーブの上に鍋を置くと、めん棒を使ってパバをこね、もちもちに練り上げていく。

「ザンスカール人はみんな好きだよね、パバ」

「外国人でパバが好きという人間は、見たことがないな」パドマが笑う。「最近はザンスカールでも、パバが苦手という若いやつもいるけど」

ゾクパは「あち、あち」と言いながら、できたてのパバをつまんで、うまそうに口に放り込んでいる。

「晩飯は、テントゥクだそうだ。食べるのは夜の九時頃になりそうだけど、それでいいか？」

「もちろん」

台所には、おばさんと僕たち三人のほかに、六歳くらいの男の子が一人、さっきから出たり入ったりしている。おばさんの子供ではなく、親戚か、あるいは孫の一人なのだろう。男の子は、夕方の六時頃に隣村のザンラから送られてくる電気が通じたら、テレビをつけて、衛星放送でアニメを見ようと、そわそわと待ち構えていたのだった。

ところが、六時になって、ゾクパと僕が台所の電源タップに自分たちのバッテリー充電器をつなぐと、なぜか急に、テレビの衛星放送のチューナーが動かなくなってしまった。

「わああああー！　テレビがー！　この人たちがあーー！」

この世の終わりのように、わあわあと号泣する男の子。ゾクパと僕は、あわててチューナーの具合を確かめ、設定を変更したり、電源をつなぎ直したりして、どうにか復旧させた。男の子は、泣き止んだ後も鼻をぐすぐすすすりながら、リモコンを固く握りしめてテレビの真正面に座り込み、ずっと動こうとしなかった。

一月二十三日

ストーブのぬくもりが残る台所で、途中ほとんど目を覚ますこともなく、ぐっすりと眠れた。朝飯は、パドマと親戚のおばさんが協力して、ジャガイモとニンジンの入ったカレー味のスープと、チャパティを用意してくれている。

「タカ。そのストーブの上に置いてる缶に、お湯が入ってる。それで顔を洗うといい」

「いいね。ありがとう」

缶に入っていたお湯に水を少し足して冷まし、廊下の洗い場で、髪の毛と顔を洗う。最高に気持ちいい。ここ数日は、氷同然の冷たい水で、顔を申し訳程度に拭っていただけだった。

レーを出発して以来、ずっと履きっぱなしだった分厚いウールの靴下を、予備のものに履き替える。左足裏のマメになりかけていた部分には、気休めにしかならないが、絆創膏を貼った。これ以上悪化させないように、今日は用心しながら歩かなければならない。

「今日歩く距離は、昨日より短い」バックパックに荷物を詰めながら、パドマが言う。「途中、ザンラの村で昼飯を食おう。道路沿いに、俺の友達の家がある。夕方までには、ツァザルだ」

「ツァザルでは、パドマの家に泊めてもらえるのかな?」

「もちろん。ユー・アー・モースト・ウェルカム。娘たちが、やかましいかもしれないけどな」

九時半頃、身支度を終えて家の外に出ると、山鳩の群れが、ザアッといっせいに飛び立った。昨日はいったい、どこに潜んでいたのだろう。空は今日も曇っているが、南東に見えるザンラの上空は雲が薄く、淡く白い光が、スポットライトのように射している。

ザンラまでの道程は割と平坦で、車の轍もまだ新しいものが残っていたので、歩きやすかった。左足のマメをかばいつつ、ゆっくりと足を運ぶ。パドマとゾクパは、少し前を歩いている。こうして三人で真冬のザンスカールを歩いて旅するのにも、だいぶ慣れてきた気がする。

ザンラは、ザンスカールの中でも、かなり大きな村だ。かつて、パドゥム王家とザンスカールを二分して統治していたザンラ王家の末裔は、今もこの村の中心にある大きな邸宅で暮らしている。村の南外れにある、こんもりとした形の岩山の頂上には、ザンラ・カルと呼ばれる古い王宮の跡が残っている。

今回、僕たちは村の中心ではなく、村の西側を南北に貫いている道路沿いを歩いていく。その途中、一軒の家の前でパドマが足を止め、中に入っていった。家の脇の囲いの中には、大小

五、六頭のヤギが身を寄せ合っている。
「学生の頃からの友達なんだ」中に入ると、パドマがこの家の主を紹介してくれた。パドマよりだいぶ大柄でがっしりした身体の、温厚そうな男だ。彼よりもかなり若く見える奥さんが、食事の支度の手を止め、居間兼台所に通された僕たち三人に、チャイとバター茶、ビスケットを次々とすすめてくれた。

「ちょうど昼飯を作っていたから、それを俺たちにも出してくれるそうだ」

「いいのか？　急に押しかけてきてしまって」

「まったく問題ない。ここは、ザンスカールだからな」

家の主は、ストーブに乾燥させた牛糞をくべ足しながら、テレビの衛星放送で、インド代表チームのクリケットの試合を観ている。ザンラには、自前の発電施設があって、昼間でも電気が使えるのだそうだ。人口の多いパドゥムの町よりも、電気事情はいいらしい。

しばらくすると、奥さんが、羊肉と大根に似た根菜の煮込みの入った鍋と、米飯を運んできた。レーを発って以来、ひさしぶりに口にする肉。噛みしめると、肉汁が、口の中にじゅっと広がる。

「ジンポ・ラクレ（うまいです）」

「オ、ジュレー（ありがとう）」奥さんは笑った。「ザンスカール、タンモ・ラガレ（ザンスカールは、寒いでしょう）？」

その時ようやく、自分は冬のザンスカールにいるのだ、という実感が、こみ上げてきた。

「この先に温泉があるんだが、寄ってもいいか？」

昼飯を終えてザンラを発った後、歩きながらパドマが僕に言った。

「温泉？　こんなところに？」

「あるんだ。足の筋肉を休めるのに効く……と、俺は思ってる」

その温泉は、ザンラからツァザルまで歩いていく途中の道路沿いにあった。周囲に何もない、白い雪原の中に、雪も氷もなく、水たまりか湿地のように黒く見えている部分がある。水に触れてみると、熱くはないが、常温か、それより少し人肌に近いくらいの温度だ。

パドマは、ブーツと靴下を脱いで、両足を水に浸し、足の甲とふくらはぎのあたりをさすっている。ゾクパも、両足を水に浸しながら、ニットキャップを脱いで、頭に水をかけている。

「全然知らなかったよ。こんなところに、温泉が湧いてるなんて」

「ここの水を飲むと、胃腸にいい……と、俺は思ってる。効かないというやつもいるが」

そう言いながらパドマは、何度か手で水をすくって、じかに飲んだ。ついさっき、自分の足を洗ったのと、同じ場所の水を。

「俺は飲まないよ！　腹、壊しちゃう！」ゾクパが大笑いしながら言う。

「僕もそれはやめとくよ……」と僕。

「ふうん。まあいいさ。そろそろ行こう」

ザンラから、南へ二時間ほど歩き続けると、ザンスカール川が、横からひょいとつままれたように湾曲している場所に出る。その左岸、高さ十数メートルの崖沿いに、ツァザルの村はあった。大きくて古めかしい家々の壁に、仏教の伝統的なシンボルのユンドゥン（卍字）が、赤褐色の染料で描かれている。石囲いの中には馬や牛がつながれているが、屋外に人の気配はほとんどない。

何年か前に建てたというパドマの新しい家は、村の南外れ、街道にほど近い場所にあった。平屋建ての小さな家で、南に面した窓の外側には、冬の間の防寒のために、分厚い半透明のビニールシートが貼りつけられている。

「おーい！　リグジン、着いたぞ！」

パドマがそう呼ばわりながら玄関の扉を開けると、奥さんのリグジン・チョスドンが出迎えてくれた。ゴンチェと呼ばれる分厚いフェルト製の服をまとった上に、すりきれたダウンベストを羽織り、背中には、二歳になる三女、テンジン・ドルカルをおぶっている。壁を水色のペンキで塗った居間兼台所には、大きな鉄製のストーブと、簡素なガスコンロ、食器棚、小さなテレビ。リグジンは小声でパドマと何かやりとりすると、コンロに鍋をかけ、チャイの支度を始めた。

「リグジンは、お前のことを憶えてるそうだ」ストーブに薪をくべ足しながら、パドマが言う。

「十年近く前に、一度会っただけだよね？　あの時は確か、最初の娘さんが生まれた直後だった」

「そうそう。あの頃から、顔つきは全然変わってないね、と言ってる」

パドマは、壁際に敷いた絨毯の上に腰を下ろすと、よちよちと寄ってきたドルカルを膝の上に抱え、顔を近づけて、あやしはじめた。白い毛糸のロンパースに、ザンスカールの子供がよくかぶっている橙色のフェルト帽姿のドルカルは、身体を持ち上げられるたび、きゃいきゃいとはしゃぐ。

「娘さんたちは、三人ともこの家にいるの?」

「一番上の子は今、パドゥムの親戚の家にいる。学校の冬休み中は、あの町にある塾に通わせてるんだ。二番目の子は、もうすぐ帰ってくると思うんだが……」

「ソルジャ、ドンレ(お茶をどうぞ)」

リグジンは、僕たちの前にある低いテーブルに、ビスケットを盛った皿と小さなコップを並べると、魔法瓶に移したチャイをコップに注いで回った。

「ジャム(ツァンパと羊肉などを煮込んだスープ)も作ってるらしいんだが、飲むか? 晩飯の時間まで、まだしばらくあるし」

「ありがとう。ジャム、うまいよね。いただくよ」

と、突然、「アマー(お母さーん)! アマー!」と、誰かが号泣している声が聞こえてきた。

「何だろ?」と僕。

「帰ってきたようだな」とパドマ。

リグジンが玄関先まで様子を見に行って、五歳くらいの女の子を連れて台所に戻ってきた。

次女のテンジン・ザンモだ。子供サイズのゴンチェに、赤と黒の縞模様のベスト、緑色の毛糸の帽子姿。肩を震わせて、ひっくひっくと泣きじゃくっている。

「ザンモ、チーソン（どうした）？」

「あ、アバ（お父さん）！　ヤク（雄の毛長牛）が、おっきいヤクがね……」

「ヤクがどうした？」

「家に帰ってくる途中で、ヤクにちょっと追っかけられたんだって」リグジンが笑う。

「だってね、おっきくてね……すごくこわかったんだよ！　もうおそとに行けない！」

「大丈夫だよ。ヤクは、お前には、何にもしないんだから」

「ほんとに？　あんなに、おっきくて、こわいのに？」

「ほんとだよ。絶対に、何もしない」

そう言いながら、ザンモの頬を伝う涙を指先で拭うパドマの目は、優しく、穏やかだった。

BRO

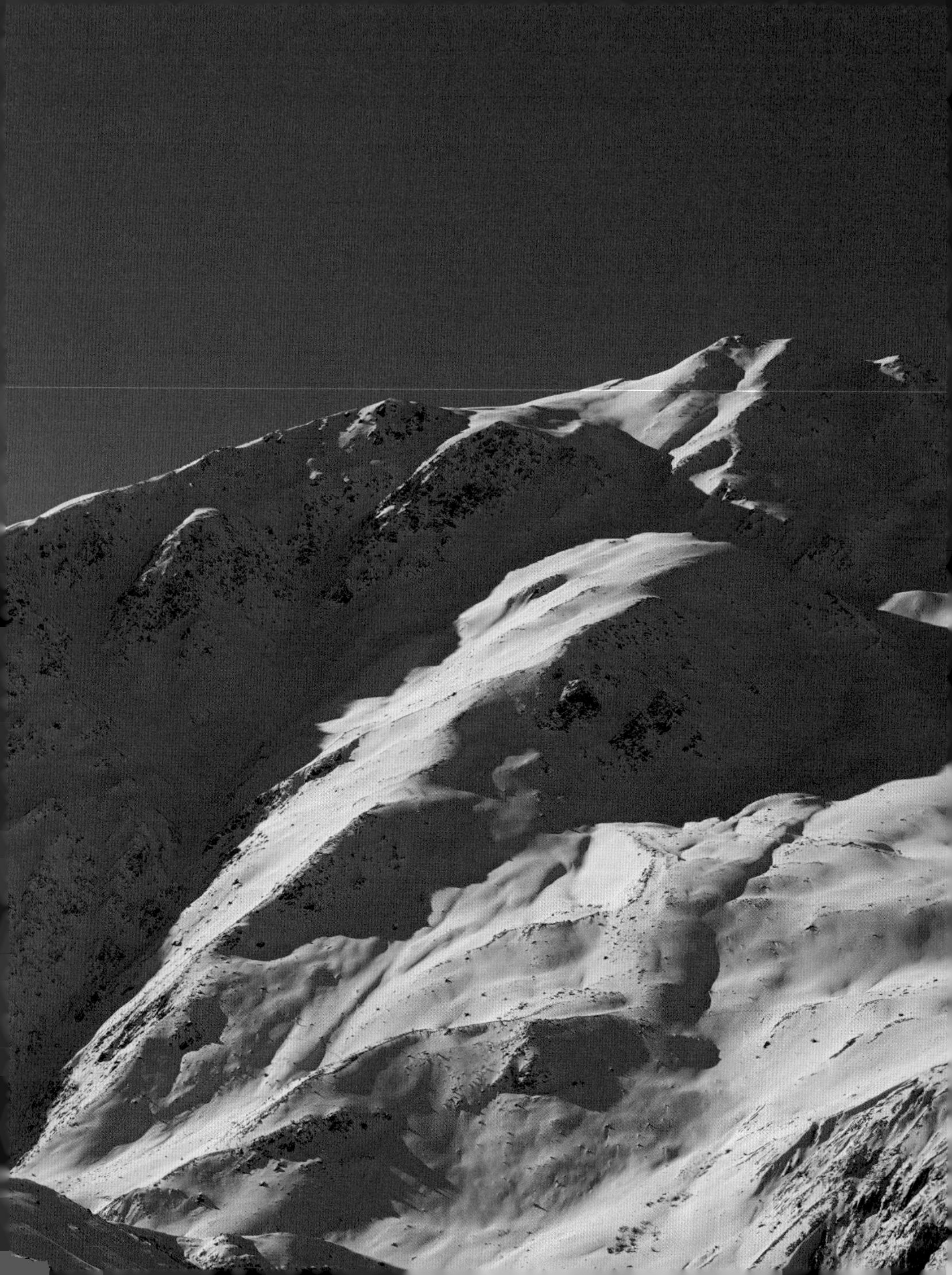

COFFEE

第三章　ルンナク

Lungnak

一月二十四日

「おはよう、タカ。昨日は、どんな夢を見た？」

「夢？　見たような気もするけど……憶えてないなあ」

「そうか。ちょっと待ってろ。これから、湯を沸かすから」

昨日の夜、僕とゾクパは台所で寝て、パドマは家族と一緒に別の部屋で寝た。ゾクパはまだ、毛布の中に埋もれたまま、動こうとしない。パドマはストーブで火を熾し、ガスコンロでチャイをたっぷり作って、魔法瓶に注ぎ入れた。時計を見ると、七時を回っている。

「パドゥム行きの車は、八時に出るんじゃなかったっけ？」

「まだ太陽が出ていないから、大丈夫だ」チャパティの生地をこねながら、パドマが言う。

「運転手は、太陽が昇ってきてから、車のエンジンをかける。エンジン音が聞こえてきたら、支度すればいい。ゾクパのソリはこの家に置いていくし、荷物も少ないしな。……おい、ゾクパ、そろそろ起きろ。朝飯だぞ」

今日の僕たちの計画は、ツァザルからの乗合タクシーに乗って、ザンスカールの中心地パドゥムに移動し、町の商店で少し食糧を買い足してから、パドマの親戚の家に一晩泊めてもらって、明日からのルンナクの旅に備えるというものだった。パドマが用意してくれたチャパティとオムレツを食べ、荷物をまとめて、しばらく待つ。が、車は来ない。家の外に出てみる。雲はあるが、頭上には、ぽっかりと青空も見えている。風が強い。耳をすますが、エンジン音は聞こえない。

「さすがに遅いな……。ちょっと、運転手の家まで行ってくる」

パドマはそう言い残すと、雪の中の小径を、集落の方へと歩いていった。外は寒いので、いったん家の中に戻る。台所では、ザンモとドルカルが、ぽやんとした寝ぼけまなこで、リグジンに渡されたチャイのコップを両手に持って座っている。二人とも髪の寝ぐせがすごくて、一昔前のコントに出てくる、実験をしくじって爆発に巻き込まれた科学者みたいだ。仕事とはいえ、二人がひさしぶりに会えた父親を、一晩でまた連れ去ってしまうのが、申し訳なく思えてくる。

しばらくしてから、パドマが戻ってきた。

「……運転手に聞いてきた。今日、やつは用事があって、車は出せないそうだ。さっき、ザンラから来た別の車にも声をかけてみたが、満席でダメだった」

「ありゃ。どうしようか？」

「明日は車を出すと言ってたから、今日、ここでもう一泊して、明日パドゥムに行くか？で、町で買い物して、そのままルンナクに歩いていくとか」

「それだと、パドゥムを発つ時間が遅くなりすぎないか？　今のルンナクの雪の状況がわからないし、パドゥムで一泊して、早朝に発つ方がいいよ」

「確かに。……もう一人、車を持ってるやつがいるから、そいつに聞いてみよう。チャーターになるから料金は高くなるが、それでもいいか？」

「別にいいよ。たいした距離じゃないし」

「わかった。もう少し待っててくれ」

チャーターすることにした別の車が、パドマの家の前まで来たのは、昼の十一時になってからだった。とはいえ、今日中にパドゥムに行けるなら何の問題もないので、みんなの表情も、のんびりしたものだ。車に荷物を積み込み、道端まで見送りに来てくれたリグジンたちに、手を振る。

「ヤン・ジャリンレ（また会おうね）！」

車は、固くなった雪をパリパリと踏みしめながら、ゆっくりと走り出した。


パドゥムの町は、ぎざぎざに尖った白銀の山々に囲まれた、小さな平野の只中にあった。一本の目抜き通りが町を南北に貫き、その左右に、背の低い建物が点々と建ち並んでいる。冬のこの時期、大半の店はシャッターを閉ざしていて、営業しているのは、地元の人向けの日用品や保存の利く食品を扱う店くらい。今日は少し陽が射しているからか、人通りは意外に多い。そして、人間と同じかそれ以上の数の野良犬たちが徒党を組んで、腹の足しになるものを探してうろついたり、ひなたでくるっと丸まって身を寄せ合ったりしている。

明日からの行程に備えて、一軒の店でビスケットとメギをいくつか買い足してから、パドマの親戚が住んでいるという郊外に向かう。その家は、パドゥムの町の北、ピピティンという村の少し手前にあるという。町の中心からは、歩いて十五分ほどの距離だった。

「……おかしいな。誰もいない」家の玄関の戸締りを確認しながら、パドマが言う。

「どこかに出かけてるのか。しばらく待ってみる？」

「待ってもいいが、外にいると寒いな。……あそこに誰かいる。聞いてみよう」

隣の家の玄関先に歩いていったパドマは、戸口に姿を現した、ゴンチェに茶色のニットキャップ姿の女の人と少し話をして、戻ってきた。

「今日、この家には誰も戻ってこないだろう、と言われた」

「えっ！　じゃあ、どうする？」

「隣の家に泊めてもらおう」

「そんな、急に頼んだりして、大丈夫か？」

「問題ない。あそこも、俺の親戚だ」

ザンスカール人のネットワークは、いったい、どこまで広がっているのだろう。もしかしたら、全員、何かしらの親戚同士なのでは、とすら思えてくる。

隣の家は、このあたりにしては新しめの造りで、広々とした居間兼台所では、ストーブの火が熱いくらいに赤々と燃えていた。そのそばには、小さなゴンチェを着た五、六歳くらいの女の子と、少し耳の遠い大柄な老人が座っている。パドマの親戚の女の人は、「お昼に作ったのが余ってたから」と、ダールと米飯を温め直して、僕たち三人にふるまってくれた。ゾクパは食事もそこそこに、ひさしぶりに電波の圏内に入ったスマートフォンをいじくっている。

「携帯、使えるんだね。パドゥムでは」

「つながらない時も、しょっちゅうだけどな」とパドマ。

「そういえば、この家には、テレビがないね」

「前はあったんだが、子供たちがテレビばかり見て、勉強をサボるからって、処分したそうだ」

「へえ。ザンスカールでは珍しいのかな、そういうの」

「今日は留守にしてるが、ここの主は、警察官なんだよ。チュッポ（お金持ち）なんだが、子供たちには厳しいのさ」

　しばらくすると、ゾクパと同い年くらいの男の子が一人と女の子が二人、台所に入ってきた。男の子はこの家の息子で、二人の女の子は親戚らしい。彼女たちは冬休みの間、この家に泊めてもらいながら、パドゥムにある塾に通っているのだという。三人ともゴンチェではなく、ジーンズやジャージ、ダウンジャケットを着ている。

「こいつは普段、ラダックで勉強してるんだ。シェイのランチョー・スクールで」

隣に座った男の子の方を見ながら、パドマが言う。優しい目をした、しゅっとした顔立ちの若者で、学校でもきっとモテるに違いない。

「今は冬休みで、帰省してるんだね。こっちへは、チャダルで？」

「いや、ヘリコプターだそうだ。地元の人間向けに、軍がたまに飛ばしてる便がある」

彼は、僕の顔をちらっと見ながら、パドマに何かをぼそぼそと告げた。

「……彼は、何て？」

「もし、タイミングが合うようだったら、俺たちがチャダルを歩いてレーに戻る時、一緒に行きたい、と言ってる。こいつはまだ、チャダルを旅した経験がないんだ」

「そうなんだ。僕は別に構わないよ」

「そうか。まあでも、難しいだろうな。きっと、親が許さない」

「どうして？」

パドマは、軽く肩をすくめた。

「危ないから、さ」

台所の戸口から、ふわふわした灰色の毛並みの猫が一匹、ニャオニャオと甘えるような声を上げながら入ってきた。ストーブの近くで、後ろ足を踏みふみしながら座り込む。男の子は、猫をひょいと抱き上げると、膝の上に座らせ、そっと背中を撫ではじめた。

窓の外を見ると、空にはいつのまにか、分厚い鉛色の雲が低く垂れ込めている。明日、あまり天気が荒れないといいのだが。

一月二十五日

日本を発って、今日で二週間。自分は真冬のザンスカールにいる、という事実が、今さらながら、とんでもなく現実離れしていることのように思えてくる。

今朝は少し早く、六時に起きた。パドマはいつものように湯を沸かし、チャイとチャパティ、そしてオムレツを用意してくれている。寝袋から這い出して、靴下を脱ぎ、三日前にできた左足裏のマメの状態を確かめる。水ぶくれはかなり引いて、皮膚も乾いてきている。もう、普通に歩いても大丈夫そうだ。

「今日の目的地は、ムネ、だっけ？」

「ムネより少し先、レルーの手前だ。そこに、親戚のアビレ（おばあさん）が住んでる」

「ほんとに、そこら中、親戚だらけなんだな。しかし、ムネよりもさらに先か。遠いね……」

「そうだな。距離もあるし、冬に歩くのは難しい」

食事の後、家の人たちに別れを告げ、八時半に出発。パドマは、食糧などを詰めたバックパックを背負い、ゾクパは、背中に僕のダッフルバッグを、身体の前に自分の身の回りのものを詰めた小型のバックパックを担いでいる。僕はこれまでと同じように、二つのショルダーバッグを左右からたすき掛けにして、背中にカメラザックを背負っている。

まだ人の気配のないパドゥムの町を抜け、南東の方角に伸びるルンナク川沿いの道に出る。今日から歩くルンナク渓谷の道は、大半が未舗装路だ。夏の間は車が行き来しているが、冬は、特にシラからイチャールまでの間で雪が深いため、徒歩で移動するしかない。渓谷沿いには、いくつかの村や集落が点在している。僕たちは、それらの村々で泊めてもらいながら、往路の最終目的地、プクタル・ゴンパを目指す計画だった。

始めのうちは、道は平坦で、雪の上にも幾筋かの車の轍が残っていたので、割と楽に歩けた。

一時間半ほど歩いていくと、川の左岸に、村が見えてきた。斜面に寄り集まった家々の背後に、鋭く切り立った峡谷が見える。

「シラだ。あの谷の奥を遡ったところに、シラプーがある。ゾクパの故郷だ」

「あの谷の奥に、村があるの？」

「そう。あの先の村」少し気恥ずかしそうに、ゾクパが言う。

「村まで行き来するだけでも、大変そうだな……」

ゾクパの並外れた身体能力や、冬のザンスカールを旅するのに必要な経験値は、あの山奥の村で生まれ育ったことで、自然と培われたのだろう。まだ若い彼を、パドマが完全に信頼して、今回の僕たちの旅のポーターに起用したのにも、納得がいく。

シラの前を過ぎたあたりから、道の上に残っていた車の轍は消え、三十センチほど積もった雪の中を、一歩一歩、かき分けるように歩いていかなければならなくなった。前を行く二人と、脚力も技術も劣る僕との間隔は、みるみるうちに開いていく。

「大丈夫！」ふりかえったパドマに、僕は叫んだ。「自分のペースで歩くから、気にするな！」

そうは言ったものの、この雪の量だ。簡単ではない。

朝のうち、うっすらと見えていた淡い太陽の光はいつのまにか消え、周囲の山々の頂は、低く垂れ込めた雲に途中から飲み込まれている。視界の中に、雪が舞いはじめた。少し立ち止まって、パーカのフードをかぶり、ショルダーバッグに入れてあったチョコレートを、三分の一ほどかじる。カメラザックのストラップを調節し、ふうっと息をついて、また歩き出す。雪に足を取られて転ばないように、少し重心を落としながら、小さな歩幅で。左。右。左。右。左。右……。

凍結した川の上に現れるチャダルが「神経をすり減らす道」だとしたら、今日から歩きはじめたルンナクは「体力をすり減らす道」だ、と僕は思った。ここでは、氷が割れて川に落ちる心配はない。その代わりに、ただただ辛抱強く、雪の中を歩いていかなければならない。自分自身の、二本の足だけで。

そうして、さらに二時間ほど歩き続けただろうか。左右に大きく湾曲しながら続く渓谷の先に、高さ数十メートルはある、巨大な岩塊《がんかい》が屹立しているのが見えてきた。岩塊の上には、まるで要塞のような佇まいの建物が見える。

「バルダンか……」

粉雪が舞うモノクロームの世界の中、孤高の僧院の姿が、そこにあった。

ドゥクパ・カギュ派の古刹、バルダン・ゴンパ。僕たちがその僧院を訪ねた時、中から姿を表したのは、近くの村から来ているらしい若者と、七、八歳くらいの少年僧の二人だけだった。若者と少年僧は、僕たちを小さな僧坊に招き入れ、魔法瓶に作り置きのチャイとバター茶をすすめてくれた。パドマとゾクパは、部屋のガスコンロと鍋を借りて、手持ちのメギを三人分、調理しはじめた。お湯の入った空き缶を載せたストーブの傍らには、灰色の猫が、身体を丸めてうずくまっている。パドゥムで泊めてもらった家にいた猫と、瓜二つだ。

「ここには今、この二人しかいないの？　以前、夏に来た時は、もっとお坊さんがいたけど」

「法要とかで、どこかに出かけてるみたいだな」とパドマ。「もう一人、坊さんがいるらしい。今、奥の部屋に閉じこもって、瞑想中だ。この二人は、その人の身の回りの世話をするためにここにいる、と言ってる」

「瞑想……三年三カ月三日の瞑想？」

「そうだ」

チベット仏教の僧侶は時に、三年三カ月三日という、気の遠くなるほど長い期間の瞑想修行に入ることがある。この隔絶された場所で、そんな途方もない修行をやり遂げるには、いったい、どれほどの心の強さが必要になるのだろう。想像もつかない。

「ほらタカ、メギだ」

「ありがとう。……パドゥムを出発して、ここまで、四時間か。ムネまで、あと、どのくらい？」

「三時間……もう少しかかるかな。ここから先は、今、かなり雪が深いらしい」

カレー味のスープと一緒に、麺をすすり込む。喉から胃袋に流れ込む熱が、くたびれた手足に広がって、少しだけ、力を取り戻してくれる。

一時間半ほど休憩して、再出発。前を歩くパドマとゾクパとの距離は、すぐにまた大きく開いた。二人は間違いなく、かなり手加減して、ゆっくり歩いてくれている。だが、この雪の中、これ以上速度を早めて歩くのは、僕にはとうてい無理だった。

パドマの言った通り、バルダンの先、川の対岸にあるピブチャの村の前を過ぎたあたりから、道路に積もる雪は、さらに深くなった。場所によっては、膝のすぐ下、ラバーブーツがほとんど全部埋もれてしまうくらいの深さがある。空からの雪もさらに激しくなって、パーカのフードや肩口に、白く積もりはじめた。

風はない。左側の崖のはるか下から、ルンナク川の轟きが、低く、くぐもったように響いてくる。ラバーブーツが、ギュ、ギュ、と雪を踏みしめる音。パーカのナイロンの布が、ガサ、ガサ、とこすれ合う音。鼻と口から洩れる、吐息の音。僕を取り巻いているのは、白く舞う雪と、それらの音だけだった。

右。左。右。左。右。左。右。左……。

道がルンナク川から右に離れ、上り坂にさしかかる。カメラザックのストラップが、両肩に食い込む。背中と腰の筋肉が、ぎちぎちと軋む。足を前に踏み出すたびに、ラバーブーツに雪が絡みつく。まるで、白くて大きな手に、足首をつかまれているかのようだ。一歩進むのに、普段の何歩分の力を使っているのだろう。力が、雪に吸い取られていく。

これでも、二年くらい前から、僕は腕立て伏せや腹筋、スクワットなどに毎日取り組んで、体幹の強化を中心に、それなりに身体を作ってきたつもりでいた。でも、今、このていたらくだ。僕のようなへなちょこは、冬のザンスカールでは、何もできない。ざまあないな、と自分が情けなくなる。

……焦るな。身体は、まだ動く。ゆっくりでいい。残りの体力を消耗し尽くさないように、確実に、一歩ずつ、歩いていけばいい……。

どれだけの時間、雪の中を、歩き続けただろう。少しずつ、傾斜がなだらかになっていくような気がする。やがて行く手に、岩山の斜面に建てられた、灰色の僧坊がいくつか見えてきた。ムネ・ゴンパだ。その手前で、パドマとゾクパが立ち止まり、僕を待っている。

「大丈夫か？　ひどい雪だったな」とパドマ。

「ごめん、待たせてしまって。やっと、ムネまで来たね……」

「親戚のアビレの家は、ここから、あと三十分くらいだ。道は下り坂だし、ショベルカーの通った跡が残ってるから、少しは歩きやすくなると思う」

ゆるやかな坂を下っていった先、少し開けた場所にぽつんと建っているその家に辿り着いたのは、夕方の六時を過ぎて、あたりが薄暗くなりかけてきた頃だった。バルダンでの休憩を差し引くと、今日一日で、約八時間、あの深い雪の中を歩き続けてきた計算になる。

「……ほお、パドマ・ドルジェか。どうしたんだい、こんな時期に」

家の玄関から姿を現したのは、灰色の髪に頬かむりをした、少し厳しそうな顔つきの老婆と、彼女の親戚らしい、五、六歳くらいの女の子だった。ラバーブーツとパーカにこびりついた雪をはたき落とした後、家の二階にある、小さな台所に入れてもらう。ストーブでは威勢よく火が燃えていて、あっという間に眼鏡が白く曇る。僕は肩から荷物を下ろすと、文字通り、崩れ落ちるように、壁際に敷かれた絨毯に座り込んだ。こてんぱんにくたびれ果てていて、身体は綿みたいにふわふわと頼りなく、力が入らない。

「長かったな、今日の道程は」そう言いながら、パドマが隣に腰を下ろす。

「さすがにね……。あのアビレには、ほかに家族はいないの？」

「彼女はもともと、イチャールに住んでたんだ。昔からある、古い家に。その家は、息子の一人に譲って、自分はここに土地を買って、家を建てて、移り住んだのさ」

「今夜、すぐに作って出せるのは、ダールくらいしかないがね……」そう言いながら台所に入ってきた老婆は、魔法瓶からコップにチャイを注ぎ、僕たち三人の前に配って回った。

「で、お前たちと、このチゲルパ（外国の人）は、どこまで行くんだい？」

「プクタルだ。もうすぐ、グストルの祭りがあるんだよ」

「ふうん……」

老婆は少し眉をひそめて鼻を鳴らした後、パドマに顔を近づけ、小声で何か囁いた。

「……今、何て言われたの？」と僕。

「えっとだな……こんなところに、来ちゃダメだ、と」

僕は面喰らった。

「は？　どうして？」

「冬のこの時期に、このあたりを歩いて旅するのは、ダメだ、と」

「……危ないから？」

「どうだかな。俺も、冬にここを歩くのは初めてだが……怖いよ、正直」

僕はまだ、冬のルンナクの本当の厳しさを、わかっていないのかもしれない。

一月二十六日

カーテンの隙間から射し込んでくる光で、目が覚めた。寝袋から左手を伸ばして、カーテンを少し持ち上げると、眩しい光がこぼれ、その先に、真っ青な空が見えた。台所の窓際で寝かせてもらっていたのだが、やけに寒い。今朝は、だいぶ気温が低いようだ。

昨日の夜、ダールと米飯を食べ、老婆がすすめてくれた手作りのアラク（大麦などで作る蒸留酒）をすすりながら、僕たちはこれからの旅程について相談した。今いるムネからプクタルまでは、途中のアンムーという村で一泊すれば、二日間で行くことができる。だが、そのためには昨日のように、早朝から日没まで、雪道を歩き通さなければならない。プクタル・グストルの祭礼が行われるのは、二月二日と三日。ならば、プクタルに行くまで、もっと日数をかけても大丈夫ではないか。ムネからイチャールまで移動して一泊。次の日はアンムー、その次の日はチャーと、四日間かけてプクタルまで行く。そうすれば、一日あたりの歩行時間は四時間ほどに抑えられるし、それぞれの村に到着した後は、村での撮影に時間を使える。それだけ日数をかけても、プクタルに着くのは祭りの四日前だから、十分余裕がある。途中の道に大きな問題がなければ、行程を刻んでいこう……。僕がそう提案すると、パドマはうなずいて、「いい判断だ。プクタルに早く着きすぎても、俺とゾクパは暇を持て余すだけだしな」と言った。

寝袋から起き上がり、パドマと老婆が用意してくれたブラックティー（紅茶）とスープ、チャパティ、オムレツを、ゆっくりと口に運ぶ。今日の目的地のイチャールまでは、歩いて三、四時間ほどのはずだから、時間的には余裕がある。天気も、今日はまったく問題なさそうだ。ただ、途中に積もっている雪の量は、昨日の行程と同じか、それ以上かもしれないという。身支度をしてラバーブーツを履き、荷物を背負いながら、あらためて気を引き締める。

九時半頃に出発。空はひとかけらの雲もなく、群青色に澄み渡っている。レーの街を出発して以来、これほどすっきりと晴れたのは、ひさしぶりだ。朝の光に、真っ白に輝く雪原。白銀に覆われた岩山の斜面には、青い影が、襞のようにくっきりと刻み込まれている。冬の晴れた日の朝特有の放射冷却で、大気が恐ろしく冷え込んでいる。冷気が、針のように鼻の中の粘膜に刺さって、何度拭っても鼻水が止まらない。

重機の轍が残る雪道を三十分ほど歩いていくと、なだらかな丘の上に広がる集落が見えてきた。レルーという村で、ルンナクではかなり大きい。外を出歩いている人の気配はないが、何軒かの家の屋根に突き出た煙突から、ゆるゆると煙が立ち上っている。

丘を越えて下りにさしかかり、もうすぐ集落を抜けようかというところで、古びたダウンジャケットを羽織った男が一人、坂道をゆっくりと上がってくるのが見えた。

「おっほー、パドマ・ドルジェじゃないか！」

陽気な声を上げたその男は、立ち止まってパドマと握手をして、肩をぽんぽん叩くと、ゾクパと僕にも順に手を差し出した。

「冬にここにいるとは、珍しいな。どこに行くんだ？」男が訊く。

「プクタルまでさ。グストルを見に行く。こいつは、ザオ・ニンパなんだ」

ふうん、という顔で、男は僕の顔を見ると、上着のポケットに手を突っ込んで、小さく折り畳まれた五十ルピー札を差し出した。

「今の時期、俺はあんな遠くには行けない。だから、代わりにこれを、プクタルの坊さんたちにお布施してきてくれ！」

「……わかりました。必ず！」

「よろしくな！」

男は笑いながら僕の肩を軽くさすると、集落の方へ歩み去っていった。こんな風に旅をしながら、行く先々で初対面の人からお布施を託されるというのも、なかなかない経験だなと思う。


レルーの集落から離れ、南西から流れる沢にかかる、まだ工事中の小さな鉄橋を渡る。その沢に沿って少し下っていくと、沢とルンナク川との合流地点に出た。ここからは再び、ルンナク川の右岸に沿った道を歩いていくことになる。

左右にくねりながら流れる川の両岸に、高く急峻な岩山が、途切れることなく続いている。この時刻、渓谷はまだ半分以上、影に覆われている。崖のはるか下から、川の轟きが岩壁に反響しながら聞こえてくる。ルンナク川の大部分は凍結しているが、流れが急で川の湾曲もきついからか、氷の状態は、かなり荒い。ザンスカール川のチャダルに比べると、この川の氷は、上を歩くのにはあまり向いてなさそうだ。

雪が分厚く積もった未舗装の道路を、一歩一歩、歩いていく。昨日よりは多少ましだが、それでもうっかりよそ見をしたりしていると、たちどころに、雪とその下に潜む石ころに足を取られて、よろけそうになる。道路から川までの急斜面には、両腕で抱えても持ち上がらなさそうな丸い岩が、雪に覆われたまま、累々と転がっている。元からそこにあったのか、それとも、上から転げ落ちてきたのか。

ふと、妙なことに気づいた。少し前を歩いていたはずの、パドマとゾクパの姿が見えない。それどころか、行く手に続いていたはずの道路も見えない。膨大な量の雪と土砂が、幅数十メートルにもわたって、すっかり道路を覆い尽くしてしまっている。

雪崩の跡だった。

まるで壁のように立ち塞がる雪と土砂の山を見回すと、右上の方にそれらを巻くようにして、いくつかの足跡が続いているのが見えた。身体の重心を低く落とし、足を滑らせないように用心しながら、その足跡を辿って登っていく。足元には雪や砂利だけでなく、かなり大きな岩もごろごろ埋まっている。雪だけでなく、山肌ごと、ごっそりこそげ落ちてきたかのようだ。

雪崩の跡が切れたところで、パドマとゾクパが僕を待っているのが見えてきた。その先には、再び道路が続いている。

「問題ないか、タカ？」

「大丈夫だよ。……しかし、すごいね。この雪崩は」

「ここだけじゃない。この程度の雪崩は、このあたりじゃ冬の間、そこら中で起こるそうだ」

もし、僕たちが歩いている時に、こんな雪崩が岩や土砂もろとも頭上から襲ってきたら……。

ザンスカールの人々が、冬にこの一帯を歩くことを怖れる理由が、ようやく実感として飲み込めてきた。

「ルンナクの中でも、バルダンからイチャールにかけてのあたりは、特に雪が多い。地形とかの理由もあると思うが……」再び歩き出しながら、パドマが言う。

「俺が聞いた話だと、昔、ものすごい量の雪が降った時、ルンナク川の両岸から同時に大雪崩が起こって、それで谷がすっかり埋まってしまったこともあったそうだ」

それは、大げさな昔話とも、あながち言い切れなかった。数年前、ルンナク渓谷よりさらに奥、プクタル・ゴンパの近くを流れるツァラプ川の上流で、冬の初めに大規模な土砂崩れが起こった。岩山から崩れ落ちた大量の土砂にせき止められた川の水は、数カ月のうちに長さ数キロの天然ダム湖となり、最終的に決壊。ツァラプ川とルンナク川に架かっていた大小の橋を、ことごとく押し流してしまったという。人的被害がなかったのは、奇跡に近かった。ここルンナクでも、雪崩や土砂崩れによる同じような災害は、いつでも起こりうる。気まぐれで圧倒的な自然の力がもたらした破壊の有様を目の当たりにして、あらためてそう思い知らされた。

雪崩による道路の寸断は、その後もこの日だけで二カ所あった。うずたかく盛り上がった、二つめの雪崩と土砂崩れの跡を越えていた時、パドマが立ち止まってふりかえり、僕の足元を指さした。

「タカ、それが何の足跡か、わかるか？」

雪の上に残っていたのは、見たことのない、きれいな足跡だった。指と爪の跡が、まるで雪の結晶のように丸く放射状に開いていて、規則正しく一直線に先へと連なっている。

「わからないな……。何？」

「狼だよ。三頭、いたようだな……。この道を辿って、あっちに歩いていったんだろう。そんなに前のことじゃないな」

僕たちは、狼たちが生きているのと、同じ世界を旅しているのだ。人間も、狼も、ここでは何の差もない。


歩きはじめて約三時間後、僕たちは、ルンナク川に架かる新しい鉄橋を渡って、川の北岸に出た。そこから道路を離れ、雑木の生い茂る急斜面をよじ登り、いったん谷底に下り、また急な坂を登る。橋のたもとから三十分ほどかけて登った先の高台に、イチャールの村はあった。

昨晩泊めてもらった家の老婆が以前住んでいたという家は、集落の南にある岩山の突端に建っていた。最初は平屋造りかと思ったが、真横から見ると、断崖にぴったりくっつくような形で、石壁が縦に組み上げられている。

「あれ？　中から声はするんだが、戸には鍵がかかってる……どこだ？」

パドマは少し迷いながら、やがて、脇の方にあった小さな木戸を開けた。真っ暗な通路を、下へ下へと降りていく。奥には、家の人たちが主に冬の間に使っている、小さな台所があった。

「……秘密基地みたいだな、ここ」

「この家には何度か来たことがあるが、ここに入ったのは、俺も初めてだ」とパドマ。

「あら、そうだっけ？」ざっくりした毛糸の帽子にゴンチェ姿の、くりっとした目の快活な女の人が、チャイを注いだコップをパドマに渡しながら言う。「あんたは、夏の台所しか知らなかったのね。冬の間は、ここなのよ」

ラダックやザンスカールの古くて大きな屋敷では、夏と冬とで、大きさの違う台所を使い分けている場合が多い。冬は小さな台所に集まってストーブを焚いた方が、効率よく暖を取ることができるからだ。

部屋の中央に据えられたストーブで、細い薪がパチパチと爆ぜている。真っ黒に煤けた柱や天井の梁が、この家が経てきた、途方もない歳月の長さを物語っていた。作りつけの棚にずらりと几帳面に並べられた、金属製の鍋や食器。壁の一隅には、ベレー帽をかぶった軍服姿の男の写真が飾られている。

「昨日のアビレの息子で、この家の今の主だ」

「軍人さんなんだね」

「今はね、レーの近くの駐留地にいるのよ」主の奥さんが言う。「とにかく忙しいらしくて、村にはめったに戻ってこないわ」

「お子さんは？」

「五人よ。全員、女の子」

「五人か……」と呟くパドマ。

「パドマの家は、女の子が三人だよね」

「俺はもう、チャレンジはしないよ。満足してるし、十分だ」パドマは首を振りながら笑った。台所の窓の外には、午後の陽射しを受けて、真っ白に輝く山々が見える。太陽が西の山の端に沈むまで、まだ二、三時間はあるはずだ。

「僕はちょっと、村を歩き回ってくるよ。二人は、ゆっくり休んでてくれ」

「わかった。村の中でも、凍ってる場所は転びやすいから、注意しろよ」

カメラをぶら下げ、外に出る。村はあたり一面、ぽってりとした雪に覆われているが、家と家との間をつなぐ小径には、ところどころ土の色がのぞいている。こういう小径は、何度も踏み固められながら解けては凍ってをくりかえし、頑固なほどツルツルに凍りついているので、パドマの言う通り、本当に危ない。うっかり氷に足を載せてしまわないように、慎重に歩く。

静かな村だ。古めかしい家々の屋根や軒先には、冬の間に家畜に食べさせる干し草のほかに、ストーブにくべる薪や乾燥させた牛糞が、驚くほど大量に積み上げられている。人々は毎年、短い夏の間に、燃料や食糧など、長い冬を耐え抜くために必要なものを、用意周到に蓄えている。先祖代々受け継いできた、知恵と経験に従って。

それぞれの家には、家畜用の石垣の囲いがしつらえてあって、黒くてふさふさした毛並みのヤク(雄の毛長牛)やディモ(雌の毛長牛)がつながれている。僕が通りがかると、彼らは鼻面を少し上げ、フッ、フッ、と白い息を吐きながら、とろんとした目で、こっちを見る。夏の間、ヤクとディモは、村から離れた山間部の草地で放牧されていることが多い。真冬の今も、身体の頑丈なヤクはまだ山の中にいて、ディモと小さなヤクは村で世話をしているのだという。

集落の中を、端から端まで、ゆっくり歩いて往復する。途中で、数珠を手にした何人かの村人たちとすれ違う。彼らはみな、村の中で一番高い丘の上にある、チャンバ(弥勒菩薩)像を目指しているようだ。僕も、その像のある丘に行ってみることにした。

ジグザグに続く長い石段を、時々立ち止まって呼吸を整えながら、登っていく。ほどなく、丘の頂上に出た。高さ五メートルほどのチャンバ像は、金色を中心に鮮やかな彩色が施されている。完成してまだ間もないようだ。村人たちは、仏教の教えに従って、像の周囲を時計回りに何度も巡り、数珠を持つ手を合わせながら、虚空にじっと祈りを捧げていた。こうした祈りの時間は、冬の生活に欠かせない日課として、ごく当たり前に組み込まれているのだろう。

丘の頂上からは、イチャールの村の全景を見渡すことができた。みっしりと寄り集まった三十軒ほどの集落のところどころから、ストーブを焚く煙が、ゆるやかに立ち上っている。東の方角には、明日から僕たちがまた歩いていくことになる、ルンナク川沿いの渓谷が続いている。集落の外側にある長い坂道では、村の子供たちが、キャハーッと甲高い歓声を上げながら、手製のソリに乗って遊んでいる。気がつくと、さっきよりも陽射しがだいぶ傾いてきて、西の山の影が村に忍び寄ってきていた。そろそろ、帰る潮時かもしれない。

丘の石段を下り、道を確かめながら、元の家の方へと歩いていると、同じ方向に向かう四人の女の子たちに出くわした。めいめい、手には大判のノートや本を抱えている。今は学校は休みのはずだが、どこかで集まって勉強会か何かをした帰りのようだ。

「ホエア・アー・ユー・フロム?」彼女たちのうちの一人が、英語で訊く。

「ジャパン・ネ・イン(日本からだよ)」

「わあ、言葉、わかるんだ。どこに泊まってるの?」

「あそこの、カンパ・ニンパ(古い家)だよ」

「なあんだ」女の子たちはいっせいに笑った。「じゃ、後でね!」

どういう意味なのだろう、と一瞬訝ったが、家の台所に戻ってみると、すぐにわかった。彼女たちのうちの三人は、僕たちが世話になっている家の娘たちだったのだ。

その日の夜は、びっくりするくらい、にぎやかだった。村の太陽光発電設備のおかげで、家々では夕方から、テレビの衛星放送を見ることができる。僕たちは、家の奥さんが作ってくれたダールと米飯を食べながら、五人の女の子たちと一緒に、この日各地で行われたインドの共和国記念日のセレモニーのニュースや、派手なドンパチが繰り広げられるテレビドラマを、わいわいと見た。ストーブは暖かく燃え、大勢が集まる小さな台所は、不思議なくらい居心地がよかった。パドマとゾクパもすっかり気をゆるめて、絨毯の上であぐらをかきながら、どっちがおならをしたとかしてないとか、恐ろしくくだらない冗談で盛り上がっている。

「だからよゾクパ、お前が屁をこくと、寝袋に臭いが移るだろうが!」

「してないよ! タカ、パドマはほんとに最低だ! 自分がしたくせに、俺のせいにして!」

この村で、こんな時間を過ごすことになるなんて、想像もしていなかった。

一月二十七日

「……タカ、昨日の夜は、どんな夢を見た？」

「いや、憶えてないけど……毎朝、聞いてくるよね、夢のことを」

「ちょっとな。憶えてないなら、それでいい」

そう言うとパドマは、ストーブのそばで、チャパティに使う小麦粉を両手で練りはじめた。台所の床では、この家の五人の女の子たちが、毛布の山に埋もれるようにして眠っている。小さな窓から見える空は、今日もくっきりと青い。

「今日は、アンムーまでだよね」

「ああ。ここから歩いて、四、五時間くらいだな。昨日までと比べたら、だいぶ楽に歩けるはずだ。イチャールから東は、雪が少なくなる」

チャパティとオムレツ、スープの朝飯をたいらげ、荷造りと身支度の後、奥さんと子供たちに別れを告げて、九時半過ぎに出発。イチャールの東側から、未舗装の道路に出る。

今日と明日は、ルンナク川の北岸を、東南東に向かって歩いていく。真正面からの陽射しが雪に反射して、目や顔にチクチクと刺さる。標高が高くて緯度の低いこの土地では、太陽の光は、真冬でもかなり強烈だ。僕も昨日から、出発前に顔に日焼け止めを塗っている。

道の右側、崖のはるか下を流れるルンナク川からは、今日も低い轟きが聞こえてくる。川は、白く分厚い氷が歪んで激しく割れているところもあれば、淡い碧色の氷がうっすらと張りつめているだけのところもある。氷の隙間に、深藍色の水が、轟々と泡立ちながら流れているのが見える。

パドマの言った通り、昨日までの行程に比べると、あたりに積もっている雪の量は、目に見えて少なくなった。道もかなり歩きやすく、リラックスして足を運ぶことができる。少し前を歩くパドマとゾクパも、昨日まではどこかぴりっとした緊張感を漂わせていたが、今日はのんびりと、たわいないおしゃべりをしながら並んで歩いている。

出発して約一時間後に、ドルゾンという集落の下を通過。二時間後には、ガラシサという集落の麓にさしかかった。

「ちょっと早いが、ここで休憩にして、昼飯にしよう」パドマが僕をふりかえって言った。「あそこの家で火を借りて、メギを作らせてもらうよ」

急斜面に続く幅数十センチほどの小径を登っていくと、雪に埋もれた小さな畑の奥に、家が二、三軒建っている。パドマが、そのうちの一軒に外から「おおーい！」と声をかけると、臙脂色の分厚いゴンチェをまとった老夫婦が戸口に現れ、僕たちを家の中に迎え入れてくれた。

「……どこに行くんだね？」

「今日はアンムーに。明日はチャーで、その後はプクタルに。グストルを見に行くんですよ」

「ほう、そうかい。もうすぐ、グストルか……。まあ、ゆっくりしていきなさい」

灰色の毛糸の帽子をかぶった老人は、光の射す台所の窓辺であぐらをかくと、ブンと呼ばれる仏教の簡易版の経典を、一枚一枚めくりながら、小さな声で呟くように読み上げはじめた。

ブンは、チベット文字の経文が刷られた横に細長い紙の束を布でくるみ、二枚の木の板で挟んだような形をしている。冬になると、ザンスカールの人々は、暇さえあればこうしてブンを読み上げ、仏に祈りを捧げている。老婆は、特にそれを気に留めるでもなく、ストーブに乾燥させた牛糞を無造作にくべ足した後、こちらに背を向け、僕たちのためにツァヂャ(塩茶)を淹れてくれている。

穏やかで、美しい光景だった。この家で、二人の積み重ねてきた歳月——微笑みや、ちょっとした諍いや、寂しさ、祈り、ぬくもり——彼らの人生そのものが、そのまま立ち現れているかのように思えた。

アンムーの村は、ガラシサから、ほぼ平坦な道を東へ二時間ほど歩いた場所にあった。村といっても、道路工事の作業員たちが夏の間だけ使っているコンテナ型の宿舎を除くと、村人の住む民家は、五、六軒しかない。村の中心に隣り合って位置する二軒の屋敷は、大きくて立派な造りで、軒先では、数頭のヤクとディモが大きな身体を横たえ、のんびりとひなたぼっこをしている。背後にそびえる山の岩棚には、丸く平たい形に整えて乾燥させた牛糞が、まるで現代アートのオブジェか何かのように、きれいに揃えて積み上げられている。

僕たちは、隣り合う屋敷のうちの一軒に泊めてもらえることになった。パドマたちの親戚ではないが、夏の間は、旅行者のホームステイを受け入れている家なのだという。こういう大きな屋敷はたいてい、一階に家畜の部屋と納屋があり、二階は居間兼台所と家族の部屋、三階には仏間や客間などがある。案内された三階の宿泊用の部屋は広々としていて、布団や毛布もたくさん用意されていた。

「この村とチャーとの間に、チョモ・ゴンパ（尼僧院）があるんだが」荷物を部屋の隅に置きながら、パドマが言う。「今日、そこの尼さんたちが、ほぼ全員、アンムーに来ているそうだ。今、隣の家で、お経を読んでる。村の人間も、ほとんどが隣の家に集まってるようだな」

「そうなんだ。その様子、ちょっと見てみたいな」

「一緒に行こう。俺も見たい」

隣の家に行ってみると、三階の部屋では村の老人や男たちが、二階の居間兼台所では尼僧たちが、それぞれ読経に勤しんでいた。僕とパドマは、尼僧たちの近くに少しお邪魔させてもらう。五人の尼僧たちは、あぐらをかいた足を毛布ですっぽり覆い、細長い経典の紙をその上に置いて、滔々と読み上げている。それぞれ無造作に読んでいるように聞こえるのだが、五人の口調は不思議に重なり合い、ゆったりとした和音となって、部屋の中を満たしていた。

ストーブを挟んで反対側では、村の女性たちが入れ替わり立ち替わり、お茶やお菓子、そして今夜ふるまう食事の支度に動き回っている。台所の隅では、四、五人の子供たちが、読経などまったくおかまいなしといった様子でテレビの前に集まり、インドのヒーローもののドラマの大立ち回りシーンに真剣に見入っている。こうした尼僧を招いての法要も、村の子供たちにとってはそんなに特別な行事ではなく、日常のごく当たり前のできごとの一つになっているのかもしれない。

しばらくすると、パドマは一番近くにいた尼僧に小声で話しかけ、彼女の読み終わった経典のページを何枚か借りると、自分でも読み上げはじめた。彼のちょっと大げさに抑揚をつけた読みっぷりを聞いて、尼僧たちは互いにちらと目を合わせ、くすっと笑った。

その日の晩飯は、遅い時間になったが、かなり豪華だった。羊肉とジャガイモを煮たカレーとダール、米飯。隣の家で、尼僧たちにふるまわれたごちそうのお裾分けだったのだろう。

ホームステイ先の二階の居間では、隣の家から戻ってきたこの家の主が、ゴンチェ姿のまま、僕たち三人と一緒に食事のさじを口に運んでいた。テンジン・サンペルという名で、普段はイチャールにある学校で、教師として働いているという。大柄で柔和な雰囲気の男で、先生らしく、きれいな発音の英語を話せる。彼の隣では、小さな男の子と女の子が、それぞれ小ぶりなお椀に盛られたカレーと米飯を食べている。

「ふうん、君は物書きなのか。じゃあ、この家のホームステイのことも、本に書いてくれないか」と、テンジンが冗談めかして言う。

「もちろん、いいですよ。名前はあるんですか、ここのホームステイには？」

「アンモ・ホームステイだ。そう書いてくれると嬉しい」

「アンモ、というのは？」

彼は、隣にいる娘の背中に軽く手を置いて、「この子の名前だよ」と言った。

「君は、何について書いてるんだ？」

「まあ、いろいろ……」

「このザンスカールの、何に興味を持ったんだい？」

「そうですね……冬のザンスカールで、あなた方がどんな暮らしを営んでいるのか、時間をかけて、ちゃんと見ておきたい、と思ったんです。特に、冬のルンナクやプクタルの様子は、外部にはほとんど知られてませんから」

「……どう思う？　こういう場所で過ごす、ミツェ（人生）のことを？」

「えっ？」

「こんな大変な場所に生まれて、人生を送ることに、意味はあると思うか？」

「それは……」

僕は、何と答えればいいのか、わからなかった。意味がないなんて、そんなはずはない。あるに決まってるじゃないですか、と言いたかった。でも、彼のようにこの苛酷な土地で生まれ育った人間に、どんな意味があるのかと真正面から訊かれると、よそ者の僕が何を口にしても、うわべだけの言葉になってしまう気がした。ほんのいっとき、旅をして、またすぐに自分の世界に戻ってしまう僕のような人間に、いったい、何が言えるというのか。

ガラシサで出会った老夫婦の姿が、ふと、脳裏に浮かんだ。彼らの過ごしてきた人生に、意味はあったのだろうか。僕はまだ、何一つ、わかっていなかった。

一月二十八日

「……タンモラ（寒いなあ）」

目を覚ました時、思わず、そう呟いた。服を着込んで寝袋にくるまり、上には毛布もかけていたのだが、それでも冷気が沁み込んでくる。部屋の中なのに、チャダルの洞窟にいるかのようだ。首元から寝袋のファスナーを開くと、パリパリと音がする。寝ている間に外に洩れた吐息が、寝袋の首元の周囲で凍っていた。

階下の台所に降り、テンジンの奥さんが火を入れてくれたストーブに、手をかざす。スープ、チャパティとオムレツ、昨夜の残りのダール。食べ物を口にすると、身体が少しずつ、でも確実に温まってくるのを感じる。

今朝も快晴で、空には雲一つない。荷造りと身支度をすませ、九時半過ぎに出発。冷えびえした刺さるような大気に、鼻水がまた止まらなくなる。

アンムーから今日の目的地、チャーまでの道は、昨日の行程とよく似た未舗装の道路で、途中に多少の上り下りはあるものの、雪も少なく、歩きやすい。ルンナク川の対岸には、波打つように連なる岩山の斜面に、ツェタン、スルレ、ケルボクといった、それぞれ数軒の家しかない集落が点在している。崖から見下ろすと、ところどころに、ワイヤーと枯れ枝で作られた細くて頼りなげな橋が、凍結した川の上を横切っているのが見える。

ほんの数年前まで、このあたりには、車道はまだ通じていなかった。レルーのあたりから毎年少しずつ延伸されてきた道路は、今ではチャーの麓にまで達している。

「ずいぶん先まで伸びたよね、この道路も」

「反対側のダルチャの方からも、工事が進んでる。シンゴ・ラを越える道の」

「あんな高い峠を越える車道を造ってるの？　五千メートル以上あるよね？」

「ああ。来年の終わりくらいには、ここからの道とつながるそうだ」

その車道が開通すれば、雪の少ない夏の間だけだが、ラダックを経由することなく、南のヒマーチャル・プラデーシュ州の方面から、車でザンスカールに直行できるようになる。道路が整備されたら、今までよりもはるかに多くの人や物資が、ザンスカールにどっと流入しはじめるだろう。その上、パドゥムとレーの間を結ぶザンスカール川沿いの車道も開通したら……ザンスカールは、どうなってしまうのだろう。

それによってもたらされるのは、必ずしも悪いことばかりではないのかもしれない。だが、あまりにも急激な変化は、この土地で長年保たれてきた、自然と人との間の繊細なバランスを、一気に突き崩してしまうかもしれない。ブレーキの効き具合を確かめないまま、むやみにアクセルを踏み込むようなことにならなければいいのだが。

そんなことをぼんやり考えながら歩いていると、前方の崖の斜面に、数軒の建物が見えてきた。昨日アンムーに来ていた尼僧たちが普段暮らしている、チョモ・ゴンパだ。その麓にさしかかる手前で、パドマとゾクパは、足を止めた。見ると、崖の上からゴンパの脇を通り、道路を横切って下に流れ落ちている水流が、完全に氷結して、巨大な氷の滑り台のようになってしまっている。もし、この氷の上で足を滑らせたら、そのまま数十メートル下の岩場まで、まっさかさまだ。

「これ……ものすごくシンプルに、危ないね……」

「ベリー・デンジャラス、だな」パドマはニッと笑う。「ゾクパ、タカの前を行け。俺は後ろからフォローする」

「ベリー・デンジャラス、ベリー・デンジャラス！」

ゾクパはそう言っておどけながら、ツルツルの氷の中にところどころのぞいている岩や土のある部分を選んで、僕に足の置き場を指示していく。身体の重心を低くし、時々、三人で手をつないで支え合いながら、一歩ずつ、慎重に足を運ぶ。そうして幅が十数メートルはある難所を、どうにかこうにか、切り抜けることができた。

「ふー。ベリー・デンジャラス、だったよ」

少し大げさに息をついてみせる僕を見て、二人はケラケラと笑う。このくらいのスリルがなけりゃ退屈だぜ、とでも言わんばかりに。いつのまにか僕たちは、こんな風に三人で旅を続けることに、すっかりなじんできていた。

「……パドマ、あの対岸の村の名前は？」

「あれは……ザムタン、だな。タカ、あれが何か知ってるか？　あそこに見える、丸い石垣」

「何だろう？　家畜を入れておくための囲い？」

「違う。あれは、狼を捕まえるための罠だ」

「あれが、罠？　どうやって？」

「囲いの内側に、狼をおびき寄せるための肉を放り込んでおく。それにつられて、狼は石垣を越えて、内側に飛び降りる。石垣は内側に反り返ってるから、狼は、中から石垣は越えられない」

「すごいな、それは」

「あれは、石垣の上の方がだいぶ崩れてるから、もう、ずいぶん前から使ってないだろうがな」

そんな話をしているうちに、僕たちは今日の目的地、チャーの村の麓まで来ていた。

道路の終点近くから、少し斜面を登り、雪に覆われた段々畑をいくつか越えていくと、開けた高台に連なる家々が見えてきた。十五、六軒くらいだろうか。古い造りの家が多い。岩棚や軒先、屋根の上に丹念に積み上げられた、干し草、薪、乾燥させた牛糞。半球状の反射板で太陽光を集めて湯を沸かす、ソーラークッカーという装置を軒先に据えている家もある。外国のＮＰＯが支給したものだろう。あたりに人影は見えないが、代わりにヤクとディモたちが、しげしげと興味深そうに僕たちを見つめている。

写真を撮っていた僕よりも一足先に集落に入っていたパドマが、戻ってきて言った。

「親戚のおばさんが住んでる家が東外れにあるんだが、行ってみたら、留守だった。今日は戻ってこないらしい。すぐそこの家が、ホームステイを受け入れてるから、そこでもいいか？」

「全然、問題ないよ。どこでも大丈夫」

集落の真ん中近くにあるその家は、この村では比較的新しい建物で、二階に客が寝泊まりする部屋があり、家族が集まる居間兼台所は一階にあった。荷物を置き、台所でストーブにあたりながら、昼飯にコラックをいただく。お椀に入れたツァンパに、バター茶と砂糖を加え、指で練り上げ、一口大にちぎって食べるものだ。素朴だが腹もちがよく、実は栄養価も高い。

コラックを食べ終えたパドマとゾクパは、窓際に置いてあったこの家のブンの布包みをほどき、それぞれ何枚かずつ手に取って、読み上げはじめた。すっかり慣れている口調のパドマに比べると、ゾクパは時々つっかえるたびにブンの上に屈み込んでいて、まだまだ初々しいなあ、と思う。

仏教では、すべての生きとし生けるものは、天道、人道、修羅道、畜生道、餓鬼道、地獄道の「六道」の輪の中で、輪廻転生をくりかえすと考えられている。現世で人間だったからといって、来世も人間に生まれ変われるとはかぎらない。だから、人々は現世で善行を重ねて功徳を積み、よりよい来世を迎えられるように努力する。時間のある冬の間にこうしてブンを読むのも、彼らにとっては、ごく当たり前の習慣だ。

「二人とも、がんばってゲワ（功徳）を積んでな」そう言いながら、僕は腰を上げた。「僕は上の部屋で、ちょっと休んでるよ」

僕は一人で二階に上がり、午後の陽射しの当たる窓辺に寝袋を敷いて寝転んで、ずっと電源を入れていなかったｉＰｈｏｎｅとイヤフォンで、音楽を聴くことにした。こんな風にして一人で過ごすのは、ずいぶんひさしぶりな気がする。

明日のうちには、往路の最終目的地、プクタル・ゴンパに着く。そこには、どんな光景が待っているのか。プクタル・グストルの祭礼では、何が行われるのか。その一部始終を見届けたら、ここまでの道程を引き返し、再びチャダルを辿って、レーに戻る。最後まで何のトラブルも起こらないとは、とても思えない。無事に戻れるのか。戻ったら、その後は……。

イヤフォンをつけたまま、首の後ろで両手を組んで、ぼんやりと天井の梁を見つめていると、いろんなことがとりとめもなく、頭をよぎっていく。これまでの道程の中で、起こったできごと。出会った人々。交わした言葉の、一つひとつ……。

彼らはなぜ、ここで、生きているのか。

僕は、何のために、ここに来たのか。

第四章　プクタル

Phugtal

一月二十九日

雪嶺の上に広がる群青の空に、ひとすじの飛行機雲が伸びていく。レーからデリーに向かう飛行機だ。今朝もよく晴れていて、寒い。吐息が、パーカの襟元で白く凍りつく。

チャーを出発した僕たち三人は、村の北東に連なる丘陵を、雪をかき分けながらゆっくりと登っていた。傾斜はそこまできつくないが、距離は長い。村の集落から丘の頂上までの高低差は、二、三百メートルはあるだろう。

歩きながら、時折、咳き込んでしまって、呼吸が乱れる。数日前から、咳がよく出るようになった。パドマやゾクパ、そして行く先々の村の人たちも、よく咳き込んでいる。この寒さと乾燥では、喉がある程度やられるのも、仕方ないのかもしれない。

丘の頂上に残る石造りの廃墟のそばを過ぎ、断崖と言ってもいいほどの急斜面に穿たれた、細い道を辿っていく。道は、場所によっては幅が数十センチほどしかなく、夏ならまだしも、雪が積もっている今は、歩くのにかなり神経を使う。うっかり足を滑らせたら、百メートル近い落差のある崖の下まで、何にも引っかからずに転げ落ちてしまうだろう。

崖の下、右の斜面の切れ間から、プルネという村と、二つの川の合流地点が見える。北東から流れるツァラプ川と、南東から流れるカルギャク川は、ここで合流し、ルンナク川と名を変える。僕たちは今日、ツァラプ川左岸の崖沿いの道を遡り、川に面した場所にあるプクタル・ゴンパを目指す。プクタルまでの車道は、いまだに開通していないのだ。

道の前方に、黒い人影が見える。やがて、杖を手にした老人が、ひょいひょいと軽快な足取りで歩いてきた。目にはサングラス、口元は黒いマスク。ゴンチェの上に、フード付きのダウンジャケットを羽織っている。

「ジュレー！」

「オ、ジュレー！　カル・スキョット（どこに行くんだね）？」

「プクタルです！」

「そうか！　この道は危ないぞ。そうだ、この杖を持ってくか？」

「いいえ、大丈夫です！　メメレ（おじいさん）、クレアクレア・スキョットレ（お気をつけて）！」

「おうよ！」

老人は、ひょいと僕をかわしてすれ違うと、チャーへと続く道を軽やかに下っていった。僕にとっては一歩ごとに肝を冷やすようなこの崖っぷちの道も、彼ら地元の人々にとっては、なじみ深い生活の道なのだ。

崖伝いの道は、小刻みな上下をくりかえしながら少しずつ下っていき、やがて、ツァラプ川に架かる細い橋のたもとに行き着いた。上流での天然ダム湖の決壊で古い橋が流された後、数年前に地元の人々が新しく架けた橋だ。何本かの鉄のワイヤーを渡して造られていて、足場には細い木の枝が敷き詰められている。この橋を渡って、南に行くとプルネ、北に行くとプクタルの対岸にあるユガルという小さな村に出る。僕たちは橋を渡らず、そのまま左岸沿いの道を進む。

屏風のように折り重なっていた岩壁が、ふいに途切れ、視界が開けた。

「……着いた！」

プクタル・ゴンパが、そこにあった。

湾曲して流れるツァラプ川の左岸に、高低差が百メートル近くある、垂直の断崖がそびえている。断崖の中腹にはぽっかりと巨大な穴が開いていて、その洞窟からこぼれ出てきたかのように、いくつもの白い僧坊がひしめいている。巨大な洞窟の真上にあたる崖の上には、聖木と崇められている一本のシュクパ（ヒノキの一種）の木が、ぽつんと立っている。ここには夏に来たことがあるが、草木の気配のない冬の今、その峻険さは、さらに研ぎ澄まされているように感じる。

ツァラプ川を挟んで右岸には、ユガルの村とその畑が見える。右岸では、村も山々も白い雪に覆われているが、プクタルのある左岸の断崖は、意外なほど雪が少ない。それだけ陽当たりのいい角度にあるからだろうか。五百年以上前にこの場所を選んでゴンパを建立した人物には、そういう計算もあったのかもしれない。

「着いたなあ……」

「ああ、着いた、着いた。オブギャル（お疲れさん）！」

パドマと、そしてゾクパと、がっちり握手を交わす。ルンナク以外からは、ザンスカール人でさえ訪れる者はめったにいない、真冬のプクタル・ゴンパに、ついに辿り着いたのだ。その時、こみ上げてきたのは、達成感というより、どうにか全員、五体満足無事にここへ来ることができたという、安堵感だった。

「で、パドマ、これからどうする？」

「旅行者用の宿泊所は冬は閉めてるだろうから、とりあえず今夜は、ゴンパの中にある部屋を借りよう」片手で顎を拭いながら、パドマが言う。「で、明日からはユガルに移動して、村の家に泊まる。その方が、食事も寝場所も、ずっといい」

「わかった。ただ、しあさっての午後には、プクタルに戻りたい。グストルの行事のある二日間は、朝から何が起こるか、全部見ておきたいから」

「もちろんだ」

白いチョルテン（仏塔）の立ち並ぶ川沿いの道を歩き、ジグザグの坂道を登って、ゴンパに入る。断崖にぴたりとへばりつくような石積みで造られた僧坊群の間を、急な階段が、上へ上へと続いている。階段の手前には、タルボチェ（祈祷旗を結びつけた柱）の立つ小さな広場があり、一匹の大きな黒い犬が、前足に顎を乗せて寝そべっている。

少し先を歩いていたパドマは、二人の僧侶と少し立ち話をした後、階段の途中にいた僕とゾクパの方に戻ってきた。

「今夜は、すぐそこの部屋を使ってもいいと言われた」彼は、僕の背後にある戸口を指さした。

「グストルの期間も使わせてもらえるかどうかは、わからない。ほかの来客の人数次第だぞうだ」

借りてきた鍵で戸を開け、中に入って、荷物を下ろす。手前にストーブを据えた客間があり、奥はガスコンロとボンベのある台所になっている。しばらく使われていなかったのか、部屋の隅には砂埃が積もっていて、足の裏にも、ジャリジャリとした感触がある。

「ゾクパ。そこにあるほうきで、こっちとあっちの部屋をざっと掃け。それが終わったら、ポリタンクに水を汲んでこい。その後は、薪を集めてくるんだ。いいな？」

「オッケー」

そう答えながら、ゾクパは僕とちらと目を合わせ、ほんの少し、首を傾げた。今日、プクタルに着いた頃からか、パドマの態度と口調に、どこかつっけんどんで苛々した気配が漂っている。どうしてなのか、ゾクパにも僕にも、心当たりは何もないのだが。

昼飯は、僧侶たちがお裾分けしてくれた、ヤク肉と野菜を煮込んだ豪華なカレーをいただいた。こうした料理の食材は、周辺の村々から寄進されている。地元の人々の支えなくして、ゴンパでの僧侶たちの修行は成り立たない。

カメラを首にぶら下げて、一人、ゴンパの中を歩き回る。入り組んだらせん状の階段を登っていくと、巨大な洞窟の直下に出た。下にある建物の屋根が、二十メートル四方ほどの台形の広場になっている。陽当たりのいいこの広場は、毎朝の勤行や午後の教義問答の修行、人数を集めての行事の時などに使われている。眼下には、半分以上凍結したツァラプ川と、雪に埋もれたユガルの村。背後の洞窟の内側には、ドゥカン（本堂）やゴンカン（護法堂）などの重要なお堂が、広場を見守るような形で建てられている。

広場では、三十人ほどの臙脂色の袈裟《けさ》をまとった少年僧たちが、挿し絵入りの大判の英語の教科書を開いて、勉強している最中だった。この時期には珍しいよそ者の僕の姿を見て、ざわざわ騒ぎ出したところを、「こら！」と先生にたしなめられている。夏の間、少年僧たちはゴンパの麓から少し離れた場所にある建物で授業を受けているが、冬は、陽射しで暖かいこの広場を使っているのだろう。みんな、ペンや鉛筆を手に、くるっと背中を丸めて教科書に屈み込み、時折、バッバッと勢いよくページをめくっている。

プクタル・ゴンパには、六十人くらいの僧侶が所属していると聞いたことがある。その約半数は彼らのような少年僧で、ほとんどがルンナク界隈の村々の出身だという。四、五歳の頃に親元を離れた彼らは、この隔絶された僧院で暮らしながら、仏教だけでなく、さまざまな一般教養も同時に学ぶ。成長して、そのまま僧侶として生涯を過ごす者もいれば、修行に見切りをつけて還俗《げんぞく》し、一般人として生きる道を選ぶ者もいる。

今日はまだ、プクタル・グストルの準備などで、目立った動きはないようだった。西に傾いた太陽は、断崖の向こう側にほとんど隠れかけている。急に寒くなってきた。部屋に戻り、魔法瓶に入れてあったお湯でインスタントコーヒーを作って、ビスケットをかじりながら飲む。肩口のあたりから、背中、腰にかけて、ぐにゃりとたわむような重だるさを感じる。レーを出発して、このプクタルまで、ほぼ毎日歩き続けて、十二日間。疲れていないわけがない。

ゾクパがゴンパの中で集めてきた薪は、結構湿っていたようだ。部屋の中に、ストーブから洩れ出た煙がたち込めて、目に沁みる。パドマはたらいと洗剤を借りてきて、黙々と自分のジャケットとパンツを洗濯している。壁際に座ったまま、電波の入らないスマートフォンをいじくっていたゾクパは、自分の黒いニットキャップを、両手の間でパタパタとはたくように動かしはじめた。

「……それ、何やってるの？」

「……チャパティ作ってる時の、パドマのまね」

思わず吹き出す、パドマと僕。ゾクパも、どこかほっとしたように、ニカッと笑った。

一月三十日

ブォーッ、という低い轟きに、眠りを破られた。まだ暗い。左手首の時計のライトを点ける。六時半。

ブォーッ、ブォーン、という轟きに、パーッ、パラパパーッ、という別の甲高い響きが重なっていく。トゥンと、ギャリンだ。トゥンは、長さ二メートルほどもある伸縮式のホルンで、ギャリンはクラリネットに似た形の笛。どちらも、ゴンパでの儀式の時などに僧侶が使う楽器だ。

プクタル・グストルの一連の儀式が行われるまで、まだ日はあるが、祭礼に向けての特別な法要は、おそらく数日前から始まっている。だから今朝は、平時はあまり使わないトゥンとギャリンが吹き鳴らされているのだろう。

しばらくすると、パドマが起きて、ストーブに火を入れ、朝飯の支度を始めた。チャイ、チャパティ、昨夜の残りのダール。

「手持ちの食糧が、そろそろなくなりそうだ」

「そうなんだ。どうする？」

「ユガルで、野菜を少し分けてもらえるだろう。何とかなる」

そう答えるパドマの口調は、今朝も何となく、こわばっていて余裕のない感じがする。

窓の外、薄曇りの空に、どこかしら雪の気配を感じる。ユガルの東にそびえる山の端から太陽がうっすらと姿を現したのは、八時半を過ぎてからだった。そろそろ、僧侶たちの朝の勤行が始まる頃だ。

部屋を出て、洞窟の前にある台形の広場まで、上がってみる。昨日の夕方見かけた三十人ほどの少年僧たちが、四列に分かれて細長い座布団の上に座り、声を合わせて、お経を唱えている。広場の左奥には、五人の老僧。右手前には、少年僧たちを監督する若手の僧侶が一人座っている。その僧侶の隣、広場の右奥の隅にお邪魔させてもらった。

袈裟をまとった肩を小刻みに揺らしながら、お経を唱えている少年僧たちは、ひそひそおしゃべりをしたり、ちょっかいを出し合ったり、懐に隠し持っていた駄菓子をこっそり口に含んだり。毎朝、この寒い中、外で一、二時間も座りっぱなしなのだから、勤行に集中できないのも無理はないのかもしれない。時々、監督役の僧侶がすっと立ち上がって、見回りを始めたとたん、誰も彼も、ぴたっと騒がなくなるのだが。

階上の炊事場から、配膳役の少年僧が、大きなやかんを運んできた。一人ひとりの前に置かれたコップやお椀に、湯気の立つバター茶を注いで回る。少年僧たちは、お椀の中でバター茶とツァンパを指で混ぜて練り、ちぎって団子状に丸め、ぽいと口に放り込む。昨日も見かけた黒犬が、すっかり慣れた様子で列と列の間を歩き回っていて、時々、おこぼれのツァンパ団子をもらっている。彼にとっては、大事な栄養補給の時間なのだろう。

広場の右脇にある細いらせん階段を上がって、ゴンカンと呼ばれる小さなお堂に行ってみる。中では、七人の僧侶たちによる読経が行われていた。一番手前にいた若手の僧侶が、読経しながら僕を手招きして、お堂の隅に座るように促してくれた。

バターに芯を浸した灯明の火が揺れる祭壇の奥には、顔の部分を布で覆われた塑像が祀られている。プクタル・ゴンパが属するゲルク派でもっとも重要な守護尊、ドルジェ・ジッチェの像だ。トントントントントントン、と絶え間なく続く太鼓の音。僧侶たちの低い詠唱が、空気をぴりりと震わせながら堂内を満たし、戸口の隙間から外へと流れ出ていく。

こうした朝の光景は、いつからくりかえされ、積み重ねられてきたのだろう。このゴンパが創建されたという十五世紀頃から、ずっと、なのだろうか。

プクタル・ゴンパからユガルまでは、昨日も見たゴンパの南にある橋を渡っていくと、歩いて三十分ほどの距離だ。でも、冬の間は、ゴンパのある断崖の麓から、ツァラプ川の凍っている部分を歩いて渡れば、十分ほどで行き来できる。ひさしぶりに川の氷を歩く。氷は、少し心もとない感じではあったが、そこまで難しくもなく、すんなり渡ることができた。

川べりからゆるやかな雪の斜面を登ったところに、五、六軒の古めかしい民家が、身を寄せ合うようにして建っている。少し先を歩いていたパドマは、集落の中心近くにある一軒の家に入っていった。

「タカ、ゾクパ。この家で大丈夫だ」戸口から、パドマが顔を出して言う。「今日と明日、泊めてもらえるぞ」

「……ここも親戚か何かなの？」

「前からの知り合いだ。問題ない」

その家には、プンツォク・タシという初老の男性と、妻のテンジン・ツェワンの二人が住んでいた。二階の入口から中に入ると、一本の長い廊下の左側に、客室、居間兼台所、物置などが並んでいる。一階は家畜部屋になっているようだ。案内された台所には、鍋や食器を並べた作りつけの棚、細かな煮炊きをするのに使うガスコンロ、大きな鉄製のストーブ。隅の方には、屋根の太陽光パネルで発電した電気を蓄える角型の大きなバッテリー、衛星チューナーに直結した小さな液晶テレビ、古いラジオ、そして電話機があった。

「バッテリーと……電話もあるんだね、この家には」

「衛星回線だな。この村で電話があるのは、この家だけだ」とパドマ。

「つなぐのに、苦労はするがね」あぐらをかいた膝に置いたブンから目を上げて、タシが言う。

「まあ、バター茶を飲むといい……晩飯は、何がいい？　モクモクはどうだ？」

「ああ、いいですねえ。ンガ・モクモク・ジンポ・ツォララクレ（僕はモクモクが好物です）」

僕の拙い現地語を聞いて、ツェワンがくすっと笑う。彼女は、ストーブにこまめに牛糞や薪をくべ足しながら、ストーブの上にいくつか開いている大小の穴に、やかんを置いて湯を沸かしたり、スープを入れた鍋を温めたりと、忙しく動き回っている。使っていない穴は、丸い鉄板を火箸で置いて塞ぎ、煙が屋内に洩れ出ないようにしている。これまでに訪れたほかの村の家々でもそうだったが、貴重な火力をいっさい無駄にしないその手際のよさには、つくづく感心させられる。

「……カー（雪）が降ってきたよ！　おっと、ジュレジュレ」

二十歳になるかならないかくらいの僧侶が一人、そう言いながらふらりと台所に入ってきた。懐に持っていた携帯電話を隅の角型バッテリーに慣れた手つきでつなぐと、彼は絨毯の上であぐらをかき、タシとツェワンとのんびりおしゃべりしながら、モクモクに使う小麦粉を練るのを手伝いはじめた。

「この家の息子だそうだ。普段は、プクタルにいる」とパドマ。

「一人息子？」

「いや。ほかの子供たちは、村から離れて、別の場所で暮らしてるらしい」

僧侶として日々修行しているゴンパから、川を挟んで目の前に実家があって、帰省しようと思ったら、いつでも戻ってこられる。そういうつながり方も、この土地ならではなのかもしれない。

「……さあ、モクモク、ドン、ドン、ドン（めしあがれ）！」

彼ら三人が作って蒸し上げてくれたモクモクは、全粒粉で作ったもちもちの皮の中に、すりつぶしたジャガイモとニンジンが包んであって、ほくほくと熱く、甘く、たまらないうまさだった。真冬のヒマラヤの山中で、こんなごちそうを食べさせてもらえるなんて。

腹が落ち着いた頃、タシが、ラジオのスイッチを入れた。ザーッというノイズの中から、時折、ほんのかすかに聞こえてくる現地語の放送に、全員が耳を澄ます。ザンスカールの冬の夜が、更けていく。

一月三十一日

この旅の中で最初に体調を崩したのは、意外にも、パドマだった。朝早くから、家の外で、彼がげえげえと吐いている音が聞こえてくる。

「……大丈夫か？」

「うーん、ちょっとな……。気持ち悪くて、何も食べたくない……きっと、甘いチャイの飲みすぎだ……」

「いやいや、さすがに、チャイなんかで、そんなに調子悪くなったりしないだろ？」

「わからんが……たまに、こんな風になることがあるんだ。気持ち悪いし、頭も痛い……。今日はこっちの部屋で、寝てることにするよ」

「わかった。家の人たちには、僕が伝えておくよ。あと、頭痛が治まらないようなら、この薬、飲んでおくといい」

「ありがとう。すまない」

再び頭まで布団にもぐり込むパドマを見て、僕とゾクパは、顔を見合わせた。しばらく前から、パドマの様子が少しおかしかったのは、体調のせいだったのだ。何が本当の原因なのかはわからないが、彼が寝込んだのが、何の予定も入っていない今日だったのは、不幸中の幸いだった。

客室から隣の台所に行き、ツェワンが用意してくれたチャイとスープ、ビスケットをいただく。タシは、朝から台所の隅で液晶テレビをつけ、衛星放送のチャンネルをうまく合わせようと、チューナーをいじくっている。やがて、インドの首相の演説の様子が流れてきた。やたらと大仰なその声色は、この静かな山奥の村には、まったくなじまない気がする。

ストーブのそばで、両足のふくらはぎや膝、太腿、腰、両肩などを指で揉んで、筋肉のこわばり具合を確かめる。溜まりに溜まっていた疲労は、この二日間でだいぶ抜けてきた。チャダルで転んだ時の打撲の痛みも、かなり引いてきている。ユガルのこの家は、暖かくて快適で、食事もおいしい。今日は完全休養日だし、祭礼の取材を終えてプクタルを発つまでには、体力もすっかり回復するだろう。パドマの具合も、それまでによくなればいいのだが。

「昼飯に、シャ（肉）を食べるか？　ヤク・シャ（ヤクの肉）だぞ」

「うわあ、いいんですか？　ありがとうございます」

タシは、ニッと笑って台所を出ていくと、片手に余るくらいの大きさの半分凍った肉塊を持って戻ってきて、まな板の上で切りはじめた。彼らが冬に食べるヤクの肉は、奥の納屋に、半頭分くらいの塊で、ごろんと置いてあるはずだ。冬の間、肉塊は放置しておくだけですっかり凍ってしまうので、冷凍庫に入れておくのと同じように長期間保存できる。

ゾクパは、ストーブの近くで、自分のバックパックから取り出した大判の本を、膝の上で広げて読んでいる。ページには、設問のようなものが英語で印刷されている。問題集か何かのようだ。

「……それ、学校の教科書？」

「うん」

「そうか。レーに戻ったら、大事な試験だものな」

ゾクパは、少し照れくさそうに笑って、本のページに視線を戻す。僕も、旅の間に書いているノートをバッグから取り出し、訪れた場所の地名や行動記録などを読み返して、整理しておくことにした。何しろ、今日は、いくらでも時間がある。

ニャーオ、ニャーオ、という鳴き声が、台所の外の廊下から聞こえる。と、突然、バン！と扉が開き、ふてぶてしい顔つきの灰色の猫が一匹、のそりと台所に入ってきた。頭突きをして、自力で扉を開けたらしい。前に、パドゥムやバルダンで見かけたのと、そっくりな猫だ。

「こらっ！　あっちに行け！」

ツェワンの容赦ない声に、サッと逃げ出す猫。でも、しばらくするとまた、ニャーオ、ニャーオ、と哀願するように廊下で鳴き、バン！と頭突きで扉を開け、そのたびにツェワンに怒鳴られる。この終わりのない駆け引きは、冬の間、毎日毎日、続けられている。

昼、大根に似た根菜とニンジン、そしてヤク肉を煮込んだものを、米飯と一緒にいただく。食事の後、台所で教科書を読むゾクパと、隣の部屋で寝ているパドマを残し、僕はカメラをぶら下げ、一人で散歩に出かけた。

昨夜ちらついていた雪は、明け方までに止んだようだ。今は、雲間に青空も少し見える。ユガルの村は、すっぽりと雪に覆われている。ここでも、家々の屋根や軒先には、乾燥させた牛糞や薪、干し草などが、丹念に積み上げられている。石囲いの中で悠然と寝そべっている、褐色の大きなディモ。近くの軒先で、三頭の子供のヤクが白い鼻息を立てながら、じっと僕を見ている。

流水をホースで引いている村の水場では、中年の女の人が一人、手を真っ赤にしながら、衣類を洗濯していた。この寒さでは、洗った服を干してもすぐに凍ってしまうのだが、みんな

「まあ、そのうち乾くだろ」と、陽の当たる場所に干したまま、何日もほったらかしにしている場合も多い。空気が極端に乾燥しているこの土地では、同じ服や下着を何日か着続けても、あまり気にならないので、そもそも洗濯の回数自体が少ないのだが。

東側にそびえる山と山の間から、一本の細い沢が、集落のすぐ南を横切って、ツァラプ川へと流れ込んでいる。冬の今、沢はほとんど凍ってしまっていて、ほんのわずかな水が、雪の下をチョロチョロと流れている。石積みと木の板で作られた小さな橋を渡り、斜面を少し登ると、広々とした台地の上に出る。ユガルの村人たちの畑だ。今は一面、足跡も何もない、真っ白な雪原と化している。雪原の先の対岸には、プクタル・ゴンパと背後の断崖が、真正面に見える。

以前、夏にこの場所を訪れた時、畑では、青々とした大麦の穂が風に波打ち、畦道には黄色、白、青紫の小さな花々が咲き乱れ、蝶や蜂が飛び回っていた。あれだけ満ちあふれていた生命の気配は、今、雪の下に、ひっそりと閉じ込められている。

数カ月後に雪が消えたら、村人たちは、ヤクに鋤をつないで土を耕し、種を蒔き、水を引いて、芽吹きを待つのだろう。夏が訪れる頃にはまた、あの緑あふれる、みずみずしい光景が現れるはずだ。麦穂が黄金に色づいたら、村人たちはそれをせっせと刈り取り、冬に備えて蓄えを作る。そしてまた、雪が降って——。

儚い夏と、凍てつく冬。気が遠くなるほどはるか昔から、巡りめぐってくりかえされてきた、自然と人の変わらない営み。それは、これからもずっと続くのだろうか。それとも、いつか、どこかで潰えてしまうのだろうか。

その夜、タシとツェワンの家には、入れ替わり立ち替わり、何人もの来客があった。プクタルで昨日見かけた、少年僧たちの監督役を務めている若い僧侶。タシたちと同年代くらいの近所の女の人。村の別の家から来た、赤ら顔の陽気な老人。彼らはみな、この家にある衛星回線の電話を使いに来たのだ。

番号を聞いたタシが、ボタンを押し、何度かリダイヤルをくりかえす。すると、十回のうちに一度か二度の割合で、回線がつながる。来客がしばらく話すうちに、ぷつん、と途切れる。再びタシがリダイヤルをくりかえし、どうにかつなぎ直して、また来客が話す。そんな手間のかかるやりとりなのだが、電話をかけに来た人たちはみな、頼りない回線がつながるのを待つ間さえ、とても愉しげだった。

「……つながった？　つながった！　聞こえる？　元気？　こっちもよ。雪？　今年はたいしたことないわ。そっちは？　みんな変わりない？　子供たちも？……」

この山奥の村で暮らす彼らにとって、外界にいる家族や友達と電話で話すひとときは、本当に、何物にも代えがたい時間なのだと思う。昔は存在しなかった衛星電話という機械が、今はこんな形で、人と人との関係をつないでいる。

二月一日

　ストーブの上のやかんから、かすかに湯気が立ち上っている。台所の窓から見える空は、薄墨色の雲に覆われていて、時折、ちらちらと雪が舞う。

　ユガルのタシとツェワンの家でお世話になるのも、今日が最終日。僕とゾクパはついさっき、ヤク肉と根菜を煮込んだものを、ティモ（チベット風の蒸しパン）と一緒に昼飯にいただいたばかりだった。あと二、三時間ほどしたら、荷物をまとめ、川の氷を渡って、プクタルに戻る。明日とあさっては、プクタル・グストルの様子を、間近でじっくり見学させてもらうつもりでいた。

　ツェワンは、あれやこれやの細かい家事で、台所をせわしなく出入りしている。タシはさっきから、把手が取れてしまった古い魔法瓶をどうにか修繕できないかと、ドライバーやナイフを使っていじくっている。ゾクパは今日も、学校の教科書を膝の上でめくって勉強している。

「……タカ。ここから日本までは、どのくらい遠いの？」

　ページから顔を上げて、ゾクパが訊く。

「ザンスカールから？　距離はわからないけど……レーからデリーまで、飛行機で一時間。デリーから東京までは、飛行機で、だいたい八、九時間くらいかな」

「うはあ、遠いね」

「飛行機の中では、寝てるか、映画観てるかしてるけどね。ほら、インドの映画、長いから」

「毎年、インドに来てるの？」

「そうだね、だいたい毎年。夏にラダックに来ることが多いかな」

「ほかの国には？」

「タイには、仕事で毎年行ってる。タイは暑いよ。食べ物が辛い。とうがらしがすごい」

「ヤバいね。それ以外には？」

「そうだなあ。個人的に興味があって、アラスカにも時々行ってる」

「アラスカ？」

「カナダの西側にある、アメリカの州だよ。北極圏に近くて、冬は寒い。ザンスカールより寒い」

「そんなに？　何があるの？」

「何にもないと言えば、何にもないね。住んでる人は少ないし、土地のほとんどが原野だよ」

「何しに行ってるの？　写真？」

「そう、写真を撮りに。キャンプをしたり、丸太小屋を借りたりして」

「へえー」

「前に、アラスカの無人島にある丸太小屋に、一人で何日か泊まってた時、玄関先まで、熊が二頭、来たことがあってさ」

「熊！　ヤバいじゃん。どうしたの？」

「扉のガラス越しに、ジュレー、って」

「えーっ、嘘だあ。ジュレーじゃ通じないよ」

台所の扉が開いて、パドマが入ってきた。彼は、村の家々を回って、当面の食事に必要な野菜を、少しずつ分けてもらいに行っていたのだ。

「おう。どうだい、調子は？」手元の魔法瓶から目を上げて、タシが声をかける。

「だいぶ、ましになった。昨日一日、ゆっくり寝させてもらったおかげで」

「寒かったろう。チャイを飲みな」

「いや、やめとく。チュスコル（お湯）でいい。具合が悪くなったのは、チャイが原因だから」

やかんにあったお湯をコップに注いで、パドマはストーブのそばに腰を下ろした。

「野菜は、手に入った？」と僕。

「ああ。これでしばらくは大丈夫だ。帰りのチャダルで必要な分は、パドゥムに着いた時に店で買い足そう」

「……体調は？」

「大丈夫だ。まだちょっと気持ち悪いが、あさってまではプクタルだし、問題ない」

「それにしてもさ……本当に、チャイの飲みすぎが原因なの？」

「ここだけの話……」顔を近づけて、パドマがもったいぶった声で囁く。「急に恵まれすぎた環境に来たから、身体がびっくりして、調子が狂っちまったんだよ」

僕は思わず、手に持っていたコップから、バター茶をこぼしそうになった。こんなくだらない冗談をまた言えるようになったのなら、パドマはもう、大丈夫だ。

明日とあさってのプクタル・グストルには自分も行く、というタシといったん別れ、僕たち三人は、凍った川を横切って、午後半ば頃、プクタル・ゴンパに戻った。ほかに宿泊客が大勢来た場合は相部屋で雑魚寝になるかも、と僧侶から言われていたのだが、今日のところは大丈夫そうだ。三日前に泊まったのと同じ部屋を、また三人で使わせてもらえることになった。

洞窟の前にある広場では、少年僧たちと、やや年長の若い僧侶たちが集まって、教義問答の修行に取り組んでいた。問答は、二人一組の形で行われていて、一人は立ち、一人は座っている。立っている側は、パァン！と勢いよく手を打ち鳴らしながら、座っている側に問いを発する。座っている側は、その問いに淀みなく答える。その答えに対し、また立っている側が手を打ち鳴らしながら、問いを重ねる。こうしたやりとりが、延々とくりかえされる。

教義問答の内容は、たとえば「あそこにいる黒い犬は、黒か？」「あの黒い犬は、黒ではない」といった感じのやりとりで、仏教における独特の定義や用語、分類などの理解を深めるために行われる。僧侶たちはこうした問答を何度も反復することで、仏教を学んでいく際に必要な、論理学の基礎を身につけるのだという。

問答の所作にすっかり慣れて、芝居がかって見えるほどの年長組に比べると、十歳になるかならないかの少年僧たちがやっている問答は、年長組の見よう見まねだったり、照れも入っていたりして、まだまだ初々しい。彼らも少しずつ、この際限のない問いと答えのくりかえしに慣れていくのだろう。何百年もの昔から、無数の僧侶たちがこの広場で積み重ねてきた問答と、同じように。

「しまった……。タカ、すまない。今日の晩飯、ちょっと失敗した……」

米を炊いていた圧力鍋のふたを開けたパドマが、顔をしかめた。鍋の中を見ると、水加減を間違えたのか、ふたの閉まり具合か何かが悪かったのか、米がおかゆみたいにべしゃべしゃになってしまっている。

「いいよ別に。そのジャガイモを煮たのをかければ、普通に食えるんじゃない？」

「何でこうなったかな……悪いな」

パドマはぼやきながら、借りてきた皿に、その米飯とジャガイモをよそいはじめた。

「それにしても、ユガルの家のごはんは、豪華だったよね」と僕。

「毎日、毎日、シャ（肉）、シャ、シャ」とゾクパ。

「……まあ、恵まれすぎた環境だったんだよ」

パドマのその言葉に、僕たち三人は顔を見合わせて、ケラケラと笑った。

二月二日

ブォーッ、ブォーッ。パーッ、パラパーッ、パラパパーッ。トゥンとギャリンが、響き渡っている。外はまだ、真っ暗だ。腕時計を見る。六時前。今朝は一段と早ぃ。

「……ゾクパ」毛布の中から、パドマが言う。「ストーブに火を入れてくれ。寒ぃ」しばらくもぞもぞと身体を動かした後、ようやく布団から起き上がったゾクパは、天井のライトをつけると、昨日のうちに集めておいた薪を何本かストーブに入れ、ケロシンを垂らし、マッチを擦って火をつけた。

「……ジュレー」僕は寝袋を少し開いて、身体を起こした。「パドマ、体調はどう？」

「悪くないと思う。……夢を見た。二つか、三つ」

「何の夢？」

「憶えてない。何だったかな。まあいいか」

ストーブの上のやかんでお湯が沸くと、パドマは起き上がって、三つのコップにインスタントコーヒーを作りはじめた。手を動かしながら、小声で何かを呟き続けている。

「何を呟いてるの？」

「マントラ（真言）だ。頭を冴えさせるためのな」

今日と明日は、このゴンパにとって特別な日なのだということを、彼も意識しているのだと思う。

外が少しずつ明るくなって、東の山の端から太陽の光が射してきた頃、身支度をし、パドマとゾクパと一緒に階上へと上がる。プクタル・グストルの法要は、三日前と同じ、最上部にあるゴンカンで行われていた。入口の脇には、堂内からの合図に合わせてギャリンを吹く、二人の若い僧侶がじっと待機している。

手前に座る若手の僧侶に会釈をして、堂内に入る。ゴンカンの奥に祀られているゲルク派の守護尊、ドルジェ・ジッチェの塑像は、顔の部分を覆っていた布を外され、角を持つ牛に似たその異形の素顔をあらわにしていた。像に近づき、両手を合わせ、身を低く屈める。この像の素顔が開帳されるのは、一年のうちで、プクタル・グストルの行われる二日間だけ。祭礼の間に参拝に訪れる人々は必ず、ドルジェ・ジッチェ像を拝観して祈りを捧げるという。

像の拝観の後、三人でお堂の隅に座らせてもらって、しばらくの間、読経に耳を傾ける。僧侶たちは二列になって向かい合って座り、低い机に置かれた横長の経典に屈み込みながら、一心不乱に詠唱を続けている。低い声が幾重にも重なり合い、共鳴して、暗い堂内で渦を巻くように響く。それは、三日前に聴いた時よりもさらに熱を帯び、力が籠もっているように感じられた。トントントントントン、と規則正しく鳴り続ける太鼓の音。詠唱の合間に時折挟み込まれる、ガシャーン、と妙鉢が打ち鳴らされる音。うっすらと宙を漂う、バター灯明の匂い……。

今がいつなのか。ここはどこなのか。自分は誰なのか。知覚が、絶え間ない詠唱の中に溶けていく。眠りに落ちていくようでいて、何もかもが冴えざえと澄み渡っていくようにも思える。

どこか、別の次元に吸い込まれてしまったかのような。

どれくらいの時間が、過ぎたのだろう。目が合ったパドマとうなずき合い、立ち上がって、外に出る。ゴンカンの中にいた時間は、腕時計を見直すと、ほんの三十分ほどだった。でも、体感的にはもっと長く、数時間はたっていたかのように感じる。

朝の陽射しが眩しい。階段の手すりから下を見ると、洞窟の前の台形の広場では、少年僧たちによる朝の勤行が今日も行われている。プクタル・グストルの行事は、彼らの日々のお勤めと直接の関係はないようだ。広場の真ん中にある煙突から、下にある部屋で炊き出しか何かをしているのか、白い煙が立ち上っている。

「……パドマ、そういえば、僕、お布施をしなきゃならないんだった」僕はやっと我に返った。

「誰に、どう渡せばいいかな。こういう時は、まとめ役のお坊さんがいるよね？」

「そうだな。下の階にいるはずだ。いくら出す？」

「ツァラク・ドのラマ・シェルパと、レルーの村で会ったおじさんから託されてるお金がある。自分の分も合わせて、五百ルピーだと、どうかな？」

「十分だろう。俺もお布施するつもりだから、お前の分も預かっておくよ」

「じゃあ、これ。任せるよ」

旅の途中、行く先々で預かってきたお布施を渡す、という一風変わった頼まれごとも、これでようやく果たすことができそうだ。

部屋に戻ると、パドマは昨夜のジャガイモのカレーに、小麦粉を練った小さな団子を入れて、スキウという料理を作ってくれた。その後、少し部屋で休んでいると、正午少し前に扉を叩く音がして、タシが部屋に入ってきた。村にいた時はずっと、色褪せたフリースとセーター姿だったが、今日は濃い臙脂色のゴンチェをまとい、しゃっきりとキメている。

「かっこいいな、アジャンレ」パドマが言う。「今日は、何の儀式があるんだ？」

「村から連れてくる動物に、ソルチェをするんだよ」

「ソルチェって、何？」と僕。

「動物に、赤い印をつける儀式さ」パドマが説明する。「ヤクと、羊と、ヤギと、あとは犬か。赤い印をつけられた動物は、このゴンパの守り神として、村でもずっと大事にされる。アジャンレ、それはいつやるんだ？」

「三時か、四時くらいだな。お坊さんたち次第だ。もう少ししたら、村の者が動物を連れてくる」

「じゃあ、もうしばらく、待ち、だね」と僕。「このゴンパでは、やっぱり、チャム（仮面舞踊）はやらないんだね。そうらしいとは前から聞いてたけど。昔からずっと、なのかな？」

「たぶん、そうだろう。ここは僻地で、人も少ないしな」とパドマ。

ザンスカールやラダックにある多くのゴンパでは、年に一度、僧侶たちがさまざまな種類の仮面をつけて舞を踊る、チャムという儀式を伴う祭礼が催される。しかし、プクタル・グストルでは、チャムは行われない。ゴンカンでの長時間の祈祷を中心に、一日目に動物たちのソルチェの儀式、二日目に締めくくりの別の儀式が行われるのだという。

「ちょっと、上の方の様子を見てくるよ」

カメラを持って、外に出る。ゴンカンでの法要はまだ続いているが、洞窟前の広場での少年僧たちの勤行は、小休止に入っていた。少年僧たちは、本堂の前でひなたぼっこをしながら、わいわいおしゃべりをしている。近づいてくる僕の姿を見て、いっせいに、わあっと集まってきた。

「ハロー！　ボンジュール！　ホエア・アー・ユー・フロム？」

フランス語が混じっているのは、たぶん、このゴンパを支援している海外のNPOにフランス人がいて、その人たちに教わったからだろう。

「ジャパン・ネ・イン（日本からだよ）」

「何で、ここにいるの？　何をしてるの？」

「グストルを見に来たんだよ。僕は、ナクシャ・ギャプカン（写真を撮る人）なんだ」

「わあ、そのカメラで？　見せて！　触らせて！　ちょっと、ちょっとだけ！」

勤行の最中はずっと我慢していたのだろうが、この時期には珍しいよそ者の僕の正体には、彼らも興味津々だったようだ。

「……おーい！　メシだぞー！」

炊事係の僧侶が、えっちらおっちらと、大きな寸胴を運んできた。少年僧たちはいっせいに散ると、お椀とスプーンを手に寸胴の周囲に集まり、食事をよそってもらいはじめた。

「あんたも、食べるか？　遠慮するな。今日はトゥクパだぞ」

炊事係の僧侶はニッと笑って、お椀を僕に渡してくれた。豆や肉片の入っている、かなり豪華なトゥクパだ。うまい。

少年僧たちは、めいめいトゥクパを食べ終えると、やれやれ、と気だるそうな表情で、再び洞窟前の広場に移動し、勤行の続きを始めた。今日は少し長めの勤行なのかもしれない。僕はしばらくの間、本堂の前のひなたに腰を下ろして、その様子を眺め続けた。


「……来たな」

凍った川の上で、いくつかの影が動いているのが見える。人間らしき細長い影と、少し大きな影が一つ、小さな影が一つ二つ。影たちは、氷の上を斜めに横切り、ゴンパのあるこちら側の岸辺に上がってきた。

ユガルの村人たちが連れてきたのは、まだこぢんまりとした子供のヤクと、黒い毛の羊、灰色の毛のヤギが、それぞれ一頭ずつ。三頭は、プクタル・ゴンパの下部、タルボチェの立つ小さな広場に連れてこられ、紐でつながれた。僕たち三人が泊めてもらっている部屋の、すぐ下だ。ゴンチェを着て盛装した村人たちは、老若男女、合わせて十数人。動物たちを置いて、僧侶のいる階上へと上がっていく。

「動物たちのソルチェの儀式は、この広場でやるのかな。ヤクと、羊と、ヤギと、あとは……」

「あいつだ」

パドマが指さしたのは、このゴンパで飼われている黒犬だった。自分の出番を知ってか知らずか、広場の隅のいつもの居場所で、前足に顎を載せて寝そべっている。

「あの犬も駆り出されるのか。まあ、そのために飼われてるんだろうけど」

村人たちがゴンパの拝観と僧侶たちへの挨拶を終え、再びタルボチェのある広場に戻ってきたのは、それから一時間ほどたってからのことだった。香炉を手にした女性を先頭に、らせん状の階段を、列をなして下りてくる。村人たちは、動物たちの傍らに並んで立ち、空を見上げながら、朗々と歌を歌いはじめた。ソルチェの儀式が、始まったのだ。

白く分厚いゴンチェをまとい、頭にティビ（礼装の帽子）をかぶった老人が、金属製の壺に入った赤褐色の染料を右手につけ、何事かを唱えながら、ヤクの背中の毛になすりつける。次は、角だ。別の男が片方の角を押さえ込むと、老人はもう片方の角に染料をつける。つけ終えると、反対側の角にも。最初は嫌がって身体をよじっていたヤクも、観念したのか、されるがままになっている。この赤褐色の染料には、魔除けのような意味があるのだそうだ。

黒い羊と、灰色のヤギも、同じように背中と角に赤褐色の染料をなすりつけられる。二頭は、ヤクよりも少しおとなしい。そして最後に、黒犬の番だ。いつもの居場所から引きずり出されて、彼はようやく、これから厄介なことが起こりそうだと察したらしい。逃げ出そうとするが、時すでに遅し。白いゴンチェの老人が、仕上げとばかりに、黒犬の頭と背中に染料をなすりつける。ブルブルブルッ！と全身を震わせて抵抗する黒犬。赤褐色の染料が、あたり一面に飛び散る。わあっ！と逃げ出しながらも、はしゃぐ村人たち。

四頭にそれぞれ赤褐色の染料をつけ終えると、村人たちは動物たちを引き連れ、再び階上へと向かう。子供とはいえ、ヤクに狭い階段を登らせるのは大変だ。わあわあと大騒ぎしながら、洞窟前の台形の広場へ。そこでは、僧帽をかぶった僧侶たちが待ち受けている。村人たちが紐を引いて四頭を並ばせると、僧侶たちによる儀式が始まった。

黄色い鶏冠状の帽子をかぶったこのゴンパの座主《ざす》が、金属製の杯を手にする。その杯に、ツァンパを練って作られた野球のボールほどの大きさの赤い玉が入れられ、水差しから赤い透明な液体が注がれる。座主は、朗々とマントラを唱えながら、ガシャーン、と妙鉢が打ち鳴らされる音に合わせて、杯から赤い玉と液体を宙に投じる。この行為が、二度、三度、四度とくりかえされる。

それが終わると、僧侶たちは、小さな金属製の皿に載せた赤い円錐状のトルマ（供物）と、別の皿に盛った麦粒を、ヤク、羊、ヤギ、そして黒犬の背中にそれぞれかざしながら、祈りを捧げていく。最後に、黄帽の座主がマントラを唱えながら、ドルジェ（金剛杵《こんごうしょ》）を持つ右手で麦粒をつまみ、宙に投げる。

これで、この四頭の動物たちは、プクタル・ゴンパの守り神になった。ヤク、羊、ヤギは、村に戻ってからもずっと、使役などに用いられることなく、大切に育てられる。強い力を授けられた彼らは、狼や雪豹にも襲われない、と信じられているという。

「……やあ、オブギャル、オブギャル！」

年に一度の大きな行事を終えた村人たちは、みな上気した表情で、動物たちとの帰り支度を始めた。ヤクたちと同じように強い力を授けられたはずの黒犬は、今日の自分の扱われ方にすっかり憤慨したのか、ワウワウ、ワウワウ、と、ひっきりなしに吠えている。彼にとっては、ある意味、年に一度の受難の日だったのかもしれない。

二月三日

今朝も、闇を裂くように、トゥンとギャリンが響き渡る。プクタル・グストル、最終日。

「……はーっ、くそっ」

不機嫌そうなため息をつきながら、パドマが起き上がり、ストーブに火を入れはじめる。

「……おはよう、パドマ。どうした？」

「ろくに眠れなかった。あの犬のせいで」

「犬？　あの黒い犬のこと？」

「ほかにどの犬がいる。あの野郎、一晩中、吠え続けやがって。お前は眠れたのか？」

「すんなり寝ちゃったな。そんなに吠えてたのか」

「ひどいもんだった……。朝飯は、ジャム（スープ）でいいか？　昨日の米の残りと、チュルペ（乾燥チーズ）を入れて煮るよ」

「いいね。ありがとう」

部屋を出てトイレに行く途中、タルボチェの立つ広場を通りがかると、黒犬はいつもの場所で、精魂尽き果てたように、じっとうずくまっていた。お勤めご苦労さま、としか言いようがない。空は今日もよく晴れている。寒い。

太陽が昇り、周囲がすっかり明るくなってきた頃、階上に上がる。ゴンカンでは、ゴンパの座主を中心とした僧侶たちによる法要が、今日も熱心に続けられている。打ち寄せる波のように、幾重にも低く轟き続ける、詠唱の声。規則正しくリズムを刻む太鼓の音、時折混じる妙鉢の音、高らかに響き渡るギャリンの音。まるで、堂内に何か強烈な力場が生じているかのような、うかつには近寄れない気配すら感じる。

階段の手すりから下を見ると、洞窟前の台形の広場でも、少年僧たちによる朝の勤行が行われていた。彼らの今日の朝飯は、タギ・カンビル(丸く平たい形をしたパン)とスープ。タギ・カンビルは、村人たちが焼いて持ってきたもののようだ。そのおこぼれを狙って、この地方でチュンカと呼ばれる黒い鳥たちが、次々と広場の端に集まってきている。このゴンパの建つ断崖には至るところに穴ぼこがあり、陽当たりもいいので、上昇気流もよく起こる。チュンカたちには格好の居場所なのだろう。

ゴンパの南の方から、二人、三人、四人と、人影が近づいてくるのが見える。昨日の参拝客は、大半が川の対岸から来たユガルの村人たちだったが、今日は、チャーやプルネなど、ほかの村々からも人が集まってきているようだ。

「今日は、参拝客が多くなりそうだね」

「昨日今日と、天気がいいからな」とパドマ。「雪が降ってたら、たぶん来れなかっただろう」

ゴンパに到着した参拝客たちは、階上まで上がってくると、ゴンカンで開帳されているドルジェ・ジッチェ像を拝観し、洞窟の内側に建っている高さ六、七メートルのチョルテンの周囲を、時計回りに何度も回る。口々にマントラを唱えながら巡り歩く彼らの表情は、まるで、遠足に来た小学生のように、無邪気で嬉しそうに見える。

集まってきたのは、近隣の村の人々だけではなかった。

「……やあ、ジャパンパ・アチョ（日本のにーちゃん）！　また会ったな！」

アンムーで僕たちを泊めてくれた、テンジン・サンペルの一家が来ている。イチャールの村で見かけた村人たちも、大勢いる。中に経文を収めたマニ車と数珠を手に、ゆっくりと階段を登ってくる老人。人々の間をちょこまかと駆け回る子供たち。はにかみながら連れ立って歩く若い女の子たちもいれば、必要以上に肩をそびやかして歩く男たちもいる。彼らはそれぞれ、二日がかりくらいで、自分たちの村から、はるばるここまで歩いてきたのだろう。参拝すれば、いつもの何倍ものご利益があるという、このプクタル・グストルに合わせて。

「ジュレー！　ひさしぶりだな！　元気か？　……そっちの村はどうだ？　雪は？」

参拝に来た人々の多くは顔見知りのようだ。握手をし、肩を叩き、互いの近況報告に盛り上がる輪が、至るところにできている。プクタル・ゴンパは、この厳しい土地で生きている人々同士をつなぎ合わせる、かけがえのない拠りどころなのだ。五百年以上もの、はるか昔から。

午後半ば頃、ゴンカンのすぐ下の階段の踊り場に、赤、緑、オレンジの旗竿や、香炉を持った少年僧たちが集まりはじめた。プクタル・グストルの締めの儀式が、もうすぐ始まるようだ。参拝客たちも囁き合いながら、そわそわと待ち構えている。

ほどなく、ゴンカンの中から、僧侶たちが次々と出てきた。香炉や旗竿を持つ少年僧たちの後に、高さ六、七十センチほどもある赤い三角錐の形をしたトルマを抱えた村人と、僧侶の列が続く。一行は階段を下り、タルボチェの立つ広場で立ち止まる。黄色い鶏冠状の帽子をかぶる座主を中心に、僧侶たちが輪を作る。その僧侶たちを、階段の上から下から、参拝客たちがさらに囲み、ざわつきながらも、じっと見守る。

始まったのは、昨日、動物たちを前に行われたのと、よく似た儀式だった。座主の持つ金属製の杯に、ツァンパで作られた赤い玉が入れられ、水差しから赤く透明な液体が注がれる。朗々とした詠唱と、ガシャンガシャーン、と妙鉢の打ち鳴らされる音に合わせて、赤い玉と液体が宙に投じられる。それが、四回、くりかえされる。この儀式、現地ではセルケムと呼ばれていて、ゴンパの守護尊に対する供養の儀式なのだという。

クライマックスは、この後だった。

旗竿を掲げる少年僧たちを先頭に、僧侶の一行は、ゴンパの外へと出ていく。群衆は、列をなしてその後を追う。僧侶の一行が向かったのは、ゴンパから南に少し下ったところにある、夏の間は少年僧たちの学校として使われる建物の前の空き地だった。その片隅に、乾いた薪が、うずたかく積み上げられている。

村人から赤い三角錐のトルマを両手で受け取った座主は、何事かを早口で唱えた後、薪の山に駆け寄り、抱えていたトルマを勢いよく放り込んだ。脇で待ち構えていた若手の僧侶が、すぐさま、薪に火を放つ。

「……うおおおーっ！」

ボォッ！と真っ赤な炎が、一気に四、五メートルもの高さにまで、燃え上がった。どよめき、祈り、歓声を上げる人々。投じられたトルマは、薪とともに、みるみるうちに焼き尽くされ、灰になってゆく。

「……ラーギャロー！　キキソソ・ラーギャロー（神に勝利を）！」

トルマが炎に消えていくのを見届けると、僧侶たちはあっさりと踵を返し、ゴンパの中へと戻りはじめた。参拝客たちもみな、上気した満足げな顔で、その後を追う。プクタル・グストルにまつわる儀式は、これで、すべて終わったのだ。

ざわめきが遠ざかる中、僕はしばらくその場に残って、次第に小さくなっていく炎を眺めた。煙が、ゆらめきながら立ち上っていく。空は、淡く、遠く、どこまでも澄み渡っていた。

「今夜のトゥクパには、ジャガイモをたっぷり入れといたぞ」

そう言いながらパドマは、トゥクパをなみなみとよそったお椀とスプーンを、僕の前にある低いテーブルに置いた。

「タカ、おかわりもあるから、たくさん食べとけよ。明日からまた、毎日、長い距離を歩くことになるからな」

「だよね。わかった。いただきます」

「ほら、ゾクパ。お前も食え」

「……聞こえなくなったね」受け取ったお椀を手に持ったまま、顔を上げて、ゾクパが呟く。

「何が？」

「ギャリンとか、トゥンとか」

「そういえば、そうだな」とパドマ。「終わったんだな」

静けさが、戻ってきていた。

BRA

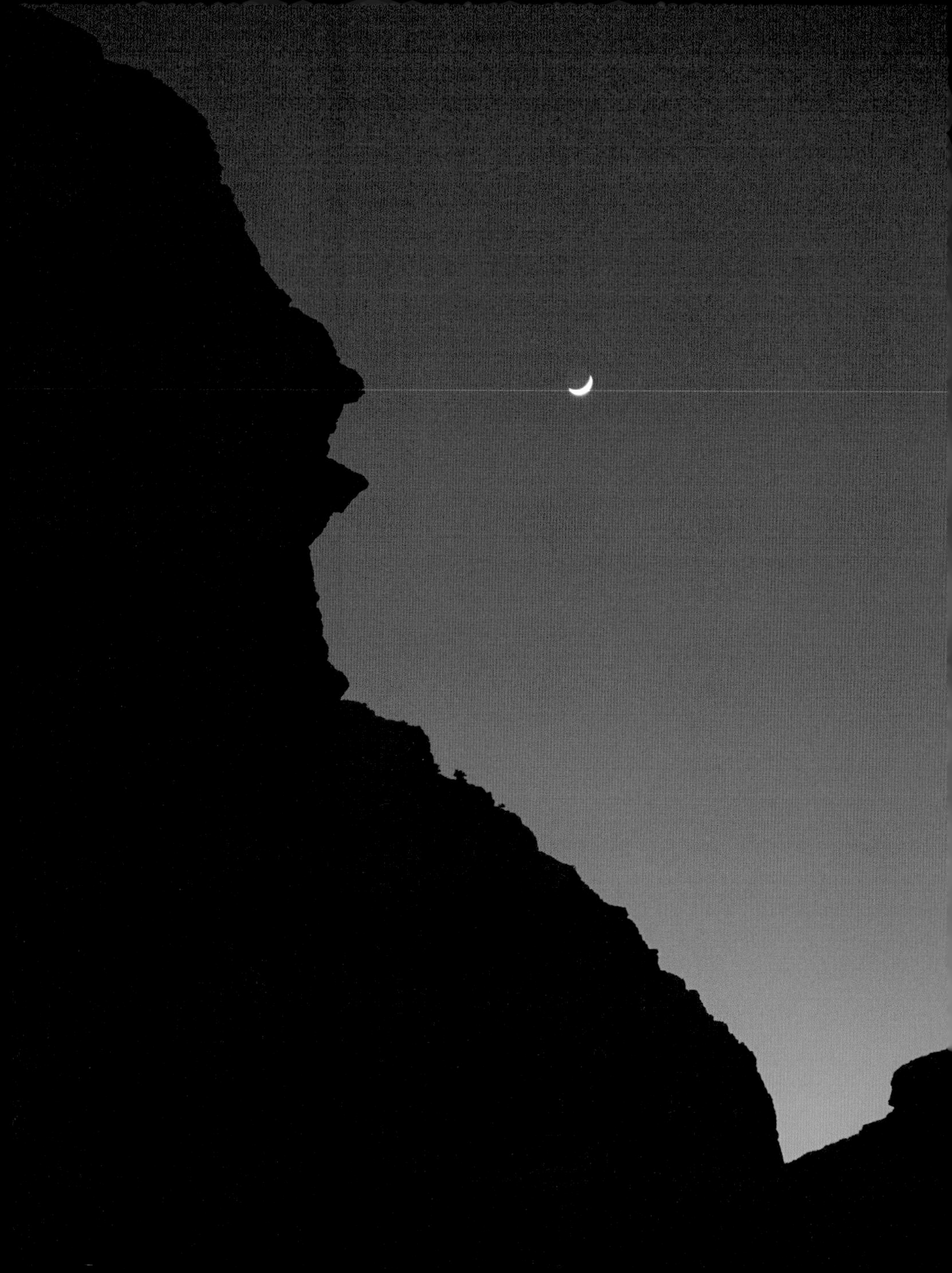

第五章　ミツェ

Mitse

二月四日

朝、トイレに行く途中、タルボチェの立つ広場を通りがかると、黒犬が起き上がり、鼻をすんすん鳴らしながら、僕の足にすり寄ってきた。

「僕ら、今日、行くんだ」首の後ろの毛を、軽く撫でてやる。「元気でな。いつかまた、ここに来るから」

パドマは今朝、早めに起きてストーブに火を入れ、チャイと、ダールを炊き込んだ米飯を用意してくれていた。ゾクパも、早々と部屋の片付けを始めている。

「今日はどこまで行くんだっけ？　イチャール？」ストーブのそばにしゃがみ、両手をかざして揉みながら聞く。

「その手前の、ドルゾンだな。イチャールまで行けなくはないが、道路から集落のあるところまで登るのに、時間がかかる。今夜ドルゾンに泊まれば、明日はイチャールの村に入らずに、下の道路をそのまま歩いて先に進める。その方が、少し早い」

「なるほど。ここからドルゾンまで、どのくらい？」

「俺たちの足なら、八、九時間くらいだろう。日が暮れるまでに着けばいい。ほら、メシだ」

今日からまた、毎日、歩き続ける旅が始まる。ここまで来た道程をそのまま引き返して、ラダックのレーに戻るのだ。かなり急ぎ足の旅になる。パドゥムからプクタルまで、僕たちは往路で五日ほどかけたが、復路は三日で戻るつもりでいる。この先、天候の悪化などによって、ルンナクで足止めを食らうことは絶対に避けたかった。今の時期、ここでぐずぐずしていると、チャダルの氷が解けて割れてしまって、レーに戻れなくなる可能性もあるからだ。

荷造りと身支度を終え、僧侶に合計四泊分の部屋代を渡してお礼を言い、八時半過ぎに出発。ゴンパを出て南に向かい、橋のたもとを過ぎ、ツァラプ川右岸の急斜面の道を、少しずつ登っていく。空は晴れているが、谷の大半は影に覆われている。谷底から、ぞっとするほど冷たい風が、ビュウッと吹き上げてくる。まるで、冷凍庫の中を歩いているような気分だ。

崖伝いの道は、ここ数日、大勢の参拝客が雪を踏み固めてくれたおかげで、往路の時よりもいくぶん歩きやすくなっていた。とはいえ、踏み固められすぎてガチガチに凍ってしまった部分もあって、そこにうっかり足を置くと滑って転んでしまうので、気は抜けない。雪道に残る足跡をよく見て、でも信用しすぎず、一歩ずつ、慎重に足を運ぶ。パドマとゾクパは、そんなことお構いなしといった感じの軽快な足取りで、僕よりもだいぶ先を歩いている。

「……痛ってえ……何だ？」

急に、腹が、キリキリと刺すように痛みはじめた。谷底からの冷たい風で、冷えてしまったのだろうか。もう、かなりの距離を歩いてきたから、引き返すわけにもいかない。助けてもらえるような場所でもない。チャーの村まで、何とかもたせるしかない。歯を食いしばり、痛みをこらえながら、斜面の道を登っていく。まさか、いきなり、こんな試練に見舞われるとは。

十一時頃、チャーに到着。先を歩いていた二人は、村の東外れにある、パドマの親戚のおばさんの家に入っていく。

「タカ、ここで少し休憩しよう。……どうした？」

「急に、腹が痛くなった。一応、トイレ借りておこうかな……。どこにある？」

「あの階段を上がったところだ。大丈夫か？」

「痛み出した時よりは、少し治まってきた。あとで台所に行くよ」

高床式のトイレに入ってみたが、下痢という感じでもない。台所に行き、ストーブで身体を温めながら、コップにお湯をもらって、少しずつすする。

「どんな具合だ、タカ？」

「だいぶ、ましになった。でも、ドルゾンに着くまで、食べ物は腹に入れない方がいいかも」

「食べなくて、今日一日、歩けるか？」

「まだ、チョコレートが二枚くらい残ってる。それでしのぐよ。二人は僕に構わず、ちゃんと食べてくれ」

そうは言ったものの、ドルゾンまでの距離を考えると、痛みをぶり返させずに歩き通せるかどうか、自分でもわからなかった。この旅、やっぱり、すんなりとは終わりそうにない。


十二時過ぎ、チャーを出発。三十分ほどで、チョモ・ゴンパの麓に着く。道を横切る水流が凍りついて、氷の滑り台のようになっている難所を、二人の助けを借りながら、再び越える。

そこからの道は、多少の上り下りはあるものの、雪は少なめで、比較的歩きやすかった。とはいえ、原因がよくわからない腹痛の不安を抱えている今、無理はできない。二人には先に行ってもらうことにして、僕はペースを抑え、ゆっくりと歩いていく。何も食べないまま歩いていると、身体が冷えてしまうので、時々、チョコレートのかけらを少しずつかじる。

朝のうち晴れていた空は、いつのまにか、薄墨を流したような雲に覆われてきていた。道の左側、崖の下を流れるルンナク川は、今も半分以上が白く凍りついている。対岸の山の中腹には、小さな集落が、二つ見える。手前がケルボク、奥がスルレ、という名前だったはずだ。

午後二時頃、アンムーの村が近づいてきた。前方のパドマとゾクパの姿が、急に消える。どこに行ったのかと思ったら、道を左に外れ、雪の中にずんずん踏み込んでいっている。

「タカ、お前は、道なりに進め！　俺たちは、あのチョルテンを回っていく！」

確かに、道路の左側には、高さ二、三メートルほどのチョルテンがあった。二人はそれを、仏教のしきたりに従って、時計回りに回るつもりなのだ。ザンスカールやラダックの仏教徒は、こういう所作はきっちり守る。車で走っている時でさえ、場所によっては車ごと、チョルテンを時計回りに回るのだ。

「信心深いねえ、二人とも」道路側に戻ってきて合流した二人に、声をかける。

「気分が悪いからな、回れるところで回らないでいると。タカ、あそこで、休憩だ」

そう言ってパドマが指さしたのは、アンムーの村で公民館として使われているらしい、新しめの建物だった。中に入ると、水色のペンキで塗られた室内に、五、六人の老人たちが座っていた。みな、マニ車と数珠を手に、静かな口調で、マントラを唱え続けている。村の女の人が二人、ストーブの火加減やお茶の支度など、老人たちの世話をしている。僕たちは部屋の隅に座らせてもらって、ブラックティーを一杯ずついただくことになった。

「ザンスカールでは、今日から一週間ほど、大事なお祈りの期間になるんだ」とパドマ。

「だから、お年寄りがここに集まってるのか。さっき、二人がわざわざ雪の中を歩いてチョルテンを回ってたのも、そういう理由だね。ご利益が何倍にもなるからか」

「まあな。ところで、腹の調子はどうだ？　何か食べるか？」

「いや、今はやめとく。ブラックティーだけでいい。腹は、どうにか大丈夫そうだ。ドルゾンに着いたら、晩飯は食べてみるよ」

三十分ほど休憩させてもらってから、再び出発。腹に刺すような痛みはないが、奥の方が固くこわばっているような、どこか不安な感触はまだ残っている。朝からずっと歩き続けているので、チョコレートだけでは、さすがに腹が減ってくる。身体にも、あまり力が入らない。

「……ジュレー！」

背後から唐突に、若い女の子たちの声が聞こえてきた。ふりかえると、六人連れのザンスカール人のグループが近づいてきている。中年の男が一人、少し若めの男が二人、二十歳そこそこくらいの女の子が三人。女の子たちはみな、マスクで顔を覆ってはいるものの、薄手のパンジャービー・ドレスにダウンジャケットを羽織り、足元は普通のスニーカーという、かなりの軽装だ。そんな格好で大丈夫なのかと、心配になる。

「どこから来たの？」

「日本だよ。昨日まで、プクタルにいたんだ」

「今日はどこに行くの？」

「ドルゾンかな。そっちは？」

「あたしたちは、今夜、イチャールよ。あなた、顔、寒くないの？　私たちみたいに、マスクをした方がいいわよ！　じゃあね！」

あっけに取られる僕を置いて、女の子たちは、道連れの男たちと一緒に、ずんずんと先に進んでいった。この寒さへの対策は、マスクのあるなしの問題じゃない気もするのだが……。かなわないなあ、と思う。

「……あの子たちは、プクタルからもっと奥にある村の出身だ」道端で、僕を待っていたパドマが言う。「これから、遠くの寄宿学校に戻るんだそうだ」

「すごいなあ、地元の子たちは。タフだね」

「だな。ところでタカ、ドルゾンは、すぐそこだ。あの斜面を登って、上に行くぞ」

道路から北に少し外れ、二、三十メートルほどの高低差を登っていくと、高台に、数軒の古い家が寄り集まった集落があった。パドマは、そのうちの一軒の玄関前の階段を上り、扉を叩き、「おーい！」と呼ばわる。

「ここも、親戚か何かなの？」

「友達の実家だ。本人は今、ここにはいないはずだが」

古めかしい造りの屋敷の中には、この家で暮らしている、茶色のニットキャップにゴンチェ姿のきびきびした感じの女の人が一人と、イチャールから何かの用事で来ているこの家の親戚の男が一人。そして、パドゥムまでの旅の途中、僕たちと同じように一夜の宿をここに求めた、小柄な中年の男が一人いた。注意しないと梁に頭をぶつけそうなほど天井の低い居間兼台所に入り、ストーブのそばに腰を下ろす。時計を見ると、五時過ぎ。腹痛という想定外のアクシデントはあったが、ほぼ計画通り、日没前にドルゾンに着くことができた。

パドマは、女の人が用意してくれたバター茶をすするのもそこそこに、台所の窓際に置かれていたブンの包みをほどき、ほかの三人にも何枚かずつ渡して、みんなで朗々と読み上げはじめた。普段の何倍ものご利益があるというお祈り期間。それはごく当たり前の習慣として、彼らの人生に、すっかり沁み込んでいるのだろう。

しばらくすると、女の人がやってきて、ブンを読み上げていた四人に声をかけた。

「あんたたち、晩ごはんは何がいいの？　まだ肉があるから、ジャガイモと一緒に煮ようと思ってるんだけど」

「ありがとう。じゃあ、それで」とパドマ。

「チャン（大麦のどぶろく）もあるけど、これから飲む？」

「いいねえ。みんなでいただくよ」

女の人は、人数分の小さな盃を持ってくると、ガラスの空き瓶に詰めた自家製のチャンを、どん、と机の上に置いた。四人は、ブンを片付けて布に包むと、それぞれの盃に、いそいそと白濁したチャンを注ぎはじめる。

「素朴な疑問なんだけど……」

「何だ？　タカ」

「今は、大事なお祈り期間なんだよね。酒は、飲んだらダメじゃなかったっけ？　あと、肉も」

「それは、だなあ……」

パドマが、もごもごと言う。

「……俺たちは、さっきまで、たくさんブンを読んで、たくさんゲワ（功徳）を積んだ。だから、いいんだよ。飲んでも食っても」

「はーん。そうですか。なるほどなるほど」

ちょっときまり悪そうに、苦笑いしながら、盃のチャンを飲み干す男たち。これも、冬のザンスカールでは、よくある光景なのかもしれない。

二月五日

誰彼構わず、くっつき合って眠りたがるザンスカール人の習性は、やっぱり理解できない。昨日の夜も、僕たちはドルゾンの家の狭い部屋で、川の字になって寝るはめになった。僕は、左右からの圧迫感が気になって、寝袋の中で何度も寝返りを打っていたのだが、それでも昼間の疲れからか、ある程度は眠ることができた。

七時半頃に起きて、台所でスープとトゥクパを朝飯にいただく。腹にはまだ、こわばりのような違和感が少し残っている。でも、歩くには大丈夫そうだ。

昨夜、一緒に泊まっていた小柄な中年の男は、台所でツァンパをひとさじ、ぽいっと口に放り込むと、すぐに荷物を背負って、出て行ってしまった。

「あいつ、今日中に、パドゥムまで行くつもりらしい。町に着くのは、日が暮れてからになるだろうがな」

「すげえなあ……。僕らは？」

「バルダンのすぐ手前、ピブチャの村まで行けたら、と思ってる。道の状況次第だ」

今日歩くのは、ルンナクの中でも、一番雪の多い区間になる。雪崩に巻き込まれるリスクを考えると、一刻も早く抜けてしまいたいのはやまやまだが、往路の時の苦労を思い返すと、そう簡単にはいかないことは、容易に想像がつく。

荷物をまとめ、九時少し前に出発。空には、濡れ雑巾のような雲が貼りついていて、周囲の岩山も、上の方は雲に隠れてしまっている。今にも、雪が降り出しそうだ。

歩きはじめて三十分ほどで、イチャールの村の端に着き、そこから道路を川の方に二十分ほど下っていくと、鉄橋のたもとに出た。鉄骨に結びつけられた色褪せたタルチョ（五色の祈祷旗）が、冷たい風にはためいている。ここで橋を渡り、ルンナク川の南岸に移る。

川を渡ったとたん、道路に積もる雪の量が、段違いに増えた。往路で何度も踏み越えた、雪崩が道路を寸断した跡も、そのままだ。この雪の深さでは、パドマとゾクパの歩く速度にはついていけない。一人ペースを落とし、慎重に歩いていく。腹はまだ本調子ではないし、今日の行程は、後半の方がもっときつい。今は、少しでも、体力を温存しておきたい。

十一時頃、レルーの村の手前にある、川の合流地点が見えてきた。そこから雪の積もる斜面を一時間ほどかけて登り、レルーの集落に到着。静かだ。家々も、丘も、チョルテンも、すべてが、影のない雪の世界にしんと閉ざされている。人影や野良犬の動く気配もない。

集落の中心にある平屋建ての家の前で、二人は立ち止まり、僕が追いつくのを待っていた。

「ここは店なんだが、メギを何袋か買ってもいいか？　前に泊まったムネのアビレの家で、それを昼飯に作らせてもらおう」

「いいよ、もちろん。でも、店、閉まってるな」

「……おおーい！」急に、パドマが声を張り上げた。「誰かー！　いないかー！」

……と、三、四十メートルほど離れた場所にある家の扉が開き、男が一人、姿を現した。

「おおーい！　店を、開けてくれー！」

「どうしたー！　何の用だー？」

「メギを、買いたいんだー！」

「何だとー！　その前に、うちに来ーい！」

「いやー、急いでるんだー！」

「何でだー？　茶を、飲んでけー！」

「いやー、遠慮しとくー！」

「何でだー？　うちに来いったらー！」

こういう遠距離での押し問答が、五、六回くりかえされた後、店の主はようやく鍵を持ってやってきて、シャッターを開け、メギを三袋、売ってくれた。「何でお前ら、うちで茶を飲んでいかないんだ。わけがわからん」とぶつぶつ言いながら。


往路の時に一晩泊めてもらった、ムネにあるパドマの親戚の老婆の家に着いたのは、十二時半を過ぎた頃だった。

「……メギを作るのかい？」台所でお茶の支度をしながら、老婆が言う。「昨日の夜作ったティモの残りがあるから、あげようか？　すぐ用意できるよ」

「じゃあ、俺とゾクパはそれをもらおう。タカは、どうする？」

「僕は、メギにしてもらえると助かる。腹が、まだちょっと不安だから」

両足を少し伸ばして、ストーブに近づけ、足の指やふくらはぎを揉んで、筋肉の感触を確かめる。さすがに疲れはあるが、大丈夫、まだ歩けそうだ。

「……降ってきたね」ゾクパが呟く。窓の外を見ると、ちらちらと雪が舞いはじめている。

「どうなるかな、この先。パドマ、ピプチャまで行けると思う？　どのくらいかかる？」

「うーん……四時間、かな。日が暮れるまでには着けるだろう。タカ、お前は大丈夫か？」

「たぶんね。まあ、ゆっくり行くよ」

一時間ほど休憩して、老婆に別れを告げ、再び歩きはじめる。空は薄暗く、太陽の気配はどこにもない。雪は、時折ちらついてはいるが、本降りになる半歩手前で、かろうじて踏み止まってくれている感じだ。

ムネ・ゴンパの前を過ぎ、つづら折りの下り坂にさしかかると、道路に積もる雪はさらに増え、膝のあたりまですっぽり埋もれるほどの深さになった。前に別の誰かが通った跡が残っていたから、まだどうにか歩けるものの、それでも一歩踏み出すたびに足を取られて、ふらついてしまう。

カメラザックを背負う肩と背中が、ぎちぎちと軋む。ラバーブーツを履いた足が重い。ほんの十メートルほどを進むのに、嫌になるほど時間がかかる。今の自分に残された体力で、この深い雪の中を、あと四時間も歩き続けられるのか。不安が、喉元までこみ上げてくる。

両膝まで雪に埋もれたまま、立ち止まり、腰に手を当て、ふーっ、と息を吐く。

……焦っても、仕方ない。今の自分にできるのは、どんなに遅くても、一歩ずつ、前に進んでいくことだけだ。ほかに選択肢はない。やるしかない。大丈夫、歩く力は、まだ残っている。

再び足を踏み出しながら、僕は、何だか急におかしくなって、一人でクックッと笑った。別に、登山やアウトドアスポーツが好きなわけでもなく、まして冒険の類とは一番縁遠い生き方をしてきたはずの自分が、今、ヒマラヤの山奥で、大雪に埋もれそうになりながら、ヒイコラ言って歩いている。いったい、何がどう転んだら、こんな巡り合わせになるのだろう。

わからない。人生は、本当にわからない。

「……追いついたな、タカ。大丈夫か？」

「どうにかね。……見えてきたね、ピブチャが。あの村にも、知り合いがいるの？」

「女房の方の親戚の家がある。前に何度か、泊めてもらった」

道路を外れて斜面を下り、細い鉄橋を渡って、川の北岸に出る。村へと続く登り道は、どういうわけか、表面がやたらツルツルに凍りついてしまっていて、歩くに歩けない。

「あっぶねえな、この道。何で？」

「村のガキどもだ。ここで、ソリ遊びばかりしてるんだろう。だから凍ってるんだ」

道端にわずかに土や石がのぞいている部分を、そろそろと伝い歩きながら、ピブチャの村に入る。斜面に、二、三十軒ほどの家々が密集していて、大きな屋敷が多い。パドマが訪ねたのは、その中でも少し上手にある、新しめの家だった。

「あれまあ、パドマ・ドルジェかい！」

少し気難しそうな大きな声で、恰幅のいいゴンチェ姿のおばさんが、僕たちを出迎えてくれた。中に通されると、彼女の娘らしい、十代後半くらいの女の子が一人、根菜の皮むきをしている。居間兼台所は広々としていて、壁に作りつけの食器棚の中央には、衛星放送を映す大きな液晶テレビが据えられている。

「今日はどこから来たんだい、パドマ？」

「ドルゾンからだ。その前は、プクタル。このジャパンパ・ザオ（日本の友達）を案内してた」

「へえ、そうかい。リグジンと子供たちは元気？　ツァザルには帰ってるのかい？」

「ああ。たぶん、あさってにはまた立ち寄るよ」

カメラザックとショルダーバッグを身体から外し、ストーブの近くの絨毯の上に座って、ふうっ、と息をつく。身体中が重だるい。時計を見ると、午後五時過ぎ。昨日も今日も、一日に約八時間、歩いた計算になる。

「オブギャル、タカ。よく歩いたな」

パドマは、僕の前の小さなテーブルにコップを置き、魔法瓶からツァヂャを注いだ。

「ジュレジュレ。さすがに、きつかった。でも、一気にここまで戻ってこれたね」

「これでもう、危ない場所の九割は抜けた。残りの一割は、ここからバルダンの先、シラの手前あたりまでだな。まだ気は抜けないが、明日パドゥムに着けば、あとは何の問題もない」

「何言ってるんだよ。僕ら、そこからまた、チャダルに戻るんだよ？」

「チャダル？　まったく何も問題ない。俺はチャダルを、隅から隅まで知ってる。危ない場所なんて、一つもない。大丈夫だ」

そう話すパドマの目は、まるで、やんちゃな少年のように、自信ありげに光っていた。

二月六日

朝、空き缶にお湯を少しもらって、家の外で、顔と髪の毛をざっと洗う。夜のうちに降った雪が、軒先に三センチほど積もっている。

「雪が降ったんですね」と言いながら、台所で空き缶を渡すと、家のおばさんは「ニューン、ニューン（ほんのちょびっとさ）！　全然たいしたことない！」と、鍋のスープをかき混ぜながら答えた。パドマは床に座って、チャパティに使う生地をこねている。

「今朝は聞かないんだね、パドマ」

「何を？」

「何の夢を見たか、って」

「ああ、あれか。もう、ここから先は大丈夫だからな」

「……もしかして、ルンナクを旅する間に何か起こらないかって、夢を気にしてたの？」

「まあ、そんなところだ」

パドマは鷹揚にそう答えながら、両手の間で器用にパタパタと生地を伸ばす。彼は彼なりに、このルンナクの行程を無事に切り抜けられるかどうか、気にかけていたのだ。

「今日は、何時頃にパドゥムに着けるかな？」

「ここからだと、歩いて、四、五時間くらいだ。夕方までには着けるだろう」

「さすがに、夕方に着いてからすぐに、車でツァザルには行けないよね？」

「乗合のタクシーは、その前に出発してるだろうしな。町での食糧の買い物もあるし。まあ、パドゥムに着いてから考えよう」

昨日まで腹のあたりに感じていた、こわばるような違和感は、すっかり消えている。体調は大丈夫そうだ。用意してもらった朝飯も、しっかり食べきることができた。

身支度と荷造りをして、十時過ぎに出発。橋を渡って、対岸の道路に戻り、十一時頃、バルダン・ゴンパの前を通過する。空は今日も鈍色の雲に覆われていて、太陽の光もなく、ぺったりと陰影のない雪景色が続く。風も雪も止んでいて、寒くはない。足元の雪はまだ、ラバーブーツが半分以上埋もれるほど深い。小規模ながら、雪崩の跡もいくつか残っている。油断はできない。

「……向こうから、誰か来たよ」とゾクパ。

確かに、前方に黒い人影が見える。人影は、みるみるうちに近づいてきた。三十歳くらいの地元の女の人だ。頬かむりにサングラス、ゴンチェの裾を膝のあたりでたくし上げ、手には木の杖、足元はハイカットスニーカー。大きなバックパックを背負っている。

「……気をつけて！」

「あいよ！　あんたらもね！」

すれ違った後、彼女はまったく速度を落とすことなく、バルダンの方へと歩き去っていった。

「あんな軽装で、でかい荷物も背負って、あの速さ……すげえなあ……」

「強いよなあ、ルンナク・マ（ルンナクの女）は」とパドマ。

それから一時間ほど辛抱強く歩き続け、対岸にシラの村が見えてくると、道路に積もる雪の量は、急に減った。パドゥムから村まで来たらしい、車の轍も残っている。おかげで、足元に気を取られずに歩けるようになった。それだけのことなのだが、本当に、ほっとする。

道路工事用のブルドーザーやショベルカーが駐めてある場所に近づいた時、パドマが言った。

「俺はちょっと、そこの建物に寄っていく。知り合いがいるかもしれない」

「わかった。僕はこのペースで、先に歩いていくよ」

ゾクパと僕は、そのまま雪の道路を歩いていく。道はルンナク川に沿って、ゆるやかに右に弧を描きながら続いている。パドゥムまで、あと二時間くらいかかるだろうか。雪が減ったとはいえ、道程は、まだまだ遠い。

「……タカ、ガリ(車)だ!」

見ると、行く手から、一台の車が近づいてくる。僕たちが道路脇に避けると、車は雪煙を立てながら、横を通り過ぎていった。

「シラの村か、さっきの工事車両のところに行くんだろうね」

「いいなあ、ガリは。歩かなくていいし」

「そしたら、ゾクパのポーターの仕事もなくなるけどね」

そんなことを二人で話して笑いながら、十分ほど歩き続けていると、背後から、さっきすれ違った車が引き返してきた。僕らのそばで、ぴたりと停まる。助手席のドアが開くと、そこには、パドマが乗っていた。

「二人とも、乗れ！　話はつけた。パドゥムまで、俺たちを乗せてってくれるってよ！」

雪道での徐行運転とはいえ、車は速い。パドゥムの町には、文字通り、あっという間に着いた。時計を見ると、まだ午後一時だ。

「今日は、ソデチャン（ツイてる人）だったなあ、僕ら」

町へと入っていく車の中で、僕はパドマに言った。

「この時間なら、ツァザルかザンラに行く乗合タクシー、まだ捕まえられるんじゃない？　買い物もあるけど、もし行けるなら、今日のうちに一気にツァザルまで行っちゃおうよ」

「だな。車を降りたら、運転手を探してみる。たぶん、いるはずだ」

町の中心、目抜き通りにあるT字の交差点で、車を降りる。開いている店も、出歩いている人も、たいして多くはないのだが、それでもひさびさに感じる町のにぎわいに、ちょっとびっくりしてしまう。野良犬たちは今日もあいかわらず、徒党を組んでうろついている。

パドゥムから北に向かう車は、すぐに見つかった。二時半か三時頃に出るという、ザンラ行きの車の運転手がいたのだ。待っていてくれるよう彼に言い含めておいて、僕たちは、復路のチャダルを旅するための食糧を、商店で買い足すことにした。米、小麦粉、豆、砂糖、茶葉、ビスケット、メギ。

「パドマ、アチャール（ピクルス）も買おう。味に飽きないように」

「そうだな。あと、これもいいか？」

そう言ってパドマは、中華麺の袋とチーズの缶詰を手に取った。

「いいけど、それ、チャダルに持って行くの？」

「いや、ちょっと考えてることがある」

買い物を終えた後、まだ少し時間があったので、小さな食堂に入る。ベニヤ板を適当に継ぎ合わせたようなテーブルの席に腰を下ろし、メギを注文。店内には、入れ替わり立ち替わり、地元の男たちが出入りしていて、ちびちびとチャイをすすりながら、互いの近況報告をしている。ここもまた、彼らにとって、冬の間の小さな社交場なのだろう。

二時半を少し回った頃、乗合タクシーに荷物をすべて積み込み、出発。町を出て、鉄橋を渡り、薄く雪の積もる道を、ゆっくりと北に向かう。

「……パドマ、明日はどうしようか？　明日の朝、ツァザルから車をチャーターしたら、ツアラク・ドの先にある道路の終点まで、北上できる？」

「雪の量にもよるがな。村に着いたら、車を持ってるやつに聞いてみよう。たぶん大丈夫だ」

「道路の終点まで車で移動できたとして、チャダルに戻ったら、明日の夜は……」

「ニェラクだ」

「ニェラク？　一気に？」

「天気と氷の状態さえよければ、距離的には、十分行ける。無理なら、オマの手前で洞窟に泊まればいい」

昨日までの道程に比べると、あまりにも展開が早いので、ちょっと面食らってしまう。ルンナクの旅は今日で終わり、明日はもう、チャダルの真っ只中に戻ることになるのだ。

パドゥムを発った車は、ほんの三十分ほどで、ツァザルに着いた。二週間ぶりに戻ってきたパドマの家では、妻のリグジンが、まるでつい昨日会ったばかりのような、さばさばとした表情で出迎えてくれた。ストーブに火が燃える台所で、ビスケットとチャイをいただく。三女のドルカルはお昼寝中。次女のザンモは、自分の筆箱の中身を全部床に並べ、それを使ってゾクパに遊んでもらおうとしている。

「あとで、明日からの荷物と食糧を全部チェックして、荷造りしておかなきゃね。ここに預けていた装備もあるし、ツァラク・ドにもソリとか預けてるし」

「そうだな。それはそれとして、タカ、今夜は、パーティーをするぞ」

「え？　何の？」

「去年の秋から、スイス人が一人、この村に来てる。学校で子供たちに勉強を教えるために」

「海外のNPOか何かから、派遣されてきたのかな」

「そうだ。パウロという男で、もう四カ月くらいこの村にいるんだが、来週、別のアングレイスパ（欧米人）のグループに合流して、チャダルを戻って、国に帰る。この村で、俺がパウロに会えるのは今日が最後だから、晩飯に呼ぼうと思って。ほかに、親戚の子たちも呼ぶ」

「さっき、パドゥムで麺やチーズを買ってたのは、そのためか」

「ローカル・フードは、彼の口に合わないと思ってな。お前は平気だろうけど」

その夜、パドマの家を訪ねてきたスイス人のパウロは、小柄で面長な顔をした、穏やかな雰囲気を漂わせている男だった。彼と一緒に、パドマの親戚の十代後半の女の子と、レーの寄宿学校でゾクパと同級生という男の子も来た。台所の中は、一気にわいわいとにぎやかになった。

「もうすぐ、スイスに帰るんだな、パウロ」

ストーブに一番近い席に彼を案内しながら、パドマが英語で言う。

「そう、寂しいよ。あの子たちとの授業が、来週で最後になると思うと……」

「しかし、すごいですね。ここで、冬に四カ月も。村での生活には慣れました？」と僕。

「食べ物が、どっしりとヘビーなものばかりだから、それが大変だったよ。もう少し、ライトなものがあるとよかったんだけど。でもまあ、ここはザンスカールだからね。ところで君は、ここの言葉を話せるんだね！　すごいな。僕はいまだに、全然だよ」

「二人とも、アラクを飲むかい？」

リグジンが、透明な液体の入った瓶と、ガラスのコップを持ってきた。

「いやいや、そんな強い酒は……」とパウロ。

「ドンレ、ドンレ（どうぞ召し上がれ）！」

「マン、ディグレ（いえ、結構です）……タカ、僕も、この言葉だけは学んだよ！」

「大事ですよね、その言葉。でないと、アンリミテッドに注がれちゃいますから」

リグジンはニコニコ笑いながら、コップ二つに、アラクをどぼどぼと注いだ。いくら遠慮されようが、客人は徹底的にもてなすのが、この土地の流儀だ。

「パウロ、あんたの口に合うように、今夜はチョウメン（焼きそば）を作ってる」ガスコンロでフライパンを火にかけながら、パドマが言う。「缶詰のチーズ入りだぞ。たっぷりあるから、たくさん食ってくれ」

「わあ、最高だな。ジュレー、パドマ」

「お前ら子供には、パパを作ってやるから、ちょっと待ってろ」

リグジンが注いでくれた、アラクをすする。喉から胃にかけて、身体の内側が、カッと熱くなる。夕方から通じた電気で映るようになったテレビの前にちょこんと座って、インドのコメディドラマをずっと見ている、ザンモとドルカル。暖かい部屋、おいしい食事、たわいないやりとり、くだらない冗談。たくさん話して、たくさん笑う。外ではまた、雪が降り出していた。

二月七日

僕の右手の甲に、ザンモが小さな手を載せ、その上にドルカルがもっと小さな手を載せる。その上に僕が左手をかぶせると、ザンモとドルカルも、また手をかぶせる。それから二人は、「ぱあーっ！」と声を出しながら、はじけるように両手を上げる。二人はこれを、楽しくてたまらなさそうに、何度も何度もくりかえす。いつも二人で、こうして遊んでいるのだろうか。

「……準備はできた？」リグジンがほうきを片手に、台所に入ってきた。

「ええ。ジュー・バクシェース（本当にありがとう）」

「いいって。また、夏になったら、戻ってくるんでしょ？　ザンスカールに」

ザンモとドルカルはいつのまにか、あぐらをかく僕の両腿に、それぞれちょこんと頭を載せ、眠ったふりをして笑っている。寝ぐせがついたままの二人の髪を、そっと撫でる。

家の外、遠くから、エンジン音が近づいてきた。身支度を整えたパドマが、台所の戸口に姿を現す。

「来たぞ、車が。行こう」


八時半、ツァザルを出発。車は道路に積もる雪を踏みしめながら、ゆっくりと北に走っていく。空は、もう宵の口かと思うほど薄暗い。雲はいつにも増して低く、重く垂れ込めている。フロントガラス越しに、雪が、ちらちらと舞うのが見える。

「ツァラク・ドまで、どのくらい？」

「二時間くらい、かな」とパドマ。「今日、この車に乗せてもらえて、助かった。冬は、ツァラク・ドの方に行きたがらない運転手も多いから」

「どうして？」

「道が少しずつ上り坂で、ザンラから先は、雪も増える。まだ工事中で道幅が狭いところも多いし、腕に自信のないやつは、怖がるのさ」

ザンラを抜け、ザンスカール川の対岸にあるピドモとハナムルを横目に通り過ぎる。急に、雪が激しくなった。ゴルフボールほどの大きさのぼた雪が、ひっきりなしに降り注ぐ。ワイパーが追いつかない。ツァラク・ドに着く頃には、十数メートル先の視界も利かないほどの本降りになっていた。

車の音を聞きつけて、ラマ・シェルパが、カマボコ型の建物から姿を現した。もう一人、ネパール人らしき中年の男もいる。聞くと、車道の終点で車が一台、エンジン故障で立ち往生しているらしい。男は交換用の部品を持って、これから車のところに戻るのだという。車道の終点まではかなり距離があるので、僕たちの車に便乗させてあげることにした。

「……どうだった、ルンナクは？　プクタルまで行けたか？」ラマ・シェルパが、片手を額に当てて雪を避けながら、僕の顔を見て笑う。

「ええ。ちゃんと渡しましたよ、お布施！」

「そうか。この先も気をつけろよ！　今日は雪がひどい」

預けておいた荷物やソリを車に積み、再出発。道路は細く、雪も多く、かなりきわどい。冬にここに来たがらない運転手の気持もよくわかる。

「あと二時間遅かったら、ここまで車で上がってこれなかったかもしれないな、この雪だと」窓の外を見ながら、パドマが言う。「帰りはゆるい下り坂だから、何とかなるだろうが」

やがて、車道の終点と、岩陰でボンネットを開けて停まっている車が一台、見えてきた。その手前で停車し、荷物を下ろす。部品を運んできた男は、立ち往生した車で待っていた男と二人で、エンジンの部品交換に取りかかった。どうやら大丈夫そうだ。

車道の左、崖のはるか下には、チャダルを歩いて到着したばかりの、十数人のグループがいた。全員、ザンスカール人のようだ。ほとんどが男で、その中の誰かの娘らしい、二十歳くらいの女の子が一人混じっている。彼らはめいめいソリを背負い、よろめきながら、急な崖を登ってくる。ここで立ち往生していた車は、彼らのうちの何人かを迎えに来ていたのだ。

「あの人たち、今日はどこから来たのかな？」

「朝の早い時間に、ニェラクを出発したんだろう。途中の氷の状態は、悪くなさそうだ」荷物をズタ袋にまとめながら、パドマが言う。

崖を登ってきたザンスカール人たちは結局、僕たちが乗ってきた車も含めて、二台に無理やり全員乗り込んだ。荷物とソリを屋根にうずたかく積み上げた二台の車は、降り続く雪の中を走り去っていった。

岩陰で、ラバーブーツや手袋、服の具合を確認し、二つのショルダーバッグとカメラザックのストラップの長さを調節する。パドマとゾクパは、ズタ袋に詰めた荷物を、入念にソリにくくりつけている。

これから、また始まるのだ。氷の川を往く旅が。

降りしきる雪の中を、歩き続ける。何もかもが真っ白に閉ざされた、闇の中を歩いているような。無数の小さな囁きに満ちた、沈黙の中を歩いているような。

今回の旅の中でも、一番激しい雪だと思う。服やカメラザックはみるみるうちに白く覆われ、ずしりと重くなる。時々立ち止まって、こまめに雪をはたき落とさないと、ファスナーやバックルが凍りついてしまう。風がなくて、助かった。これで強い風が吹いていたら、吹雪になって、どうにもならなくなるところだった。

川上からの圧力にひび割れ、へし曲げられた、氷の断面。氷の裂け目の下を泡立ちながら流れる、深藍色の水。ラバーブーツの靴底に感じる、川岸近くの氷の状態は、悪くない。かなり分厚く張りつめているようで、ちょっとやそっとではびくともしない安定感がある。雪の間にところどころのぞいているツルツルの氷にさえ気をつけていれば、ルンナクの深雪で苦労した時よりも、ずっと楽に歩ける。

パドマとゾクパは、それぞれソリを引きながら、二十メートルほど前を歩いている。車道の終点で会ったグループが残していったソリの跡を辿ってはいるものの、これだけ雪が降り続く中で、重いソリを引くのは、かなり大変そうだ。雪で視界が悪いので、二人の姿をうっかり見失わないように、注意しながら歩く。

十一時に歩きはじめた僕たちは、三十分後に、ティップ・ゴンマの前を通過。一時頃には、リンシェへと続く渓谷との分岐点にさしかかった。パドマとゾクパはまったく立ち止まらず、そのまま歩き続ける。分岐点のさらに先、両岸に巨大な垂直の断崖がそそり立つ、オマのすぐ手前まで来て、二人はようやく足を止めた。

「ここなら、上に崖がせり出してるから、雪をしのげる」パドマが僕に言う。「水も、川ですぐ汲めるしな。ゾクパ、水を汲んでこい。メシにするぞ」

「この氷の上で、ケロシンストーブを使うの？　下に地面ないけど」

「問題ない。厚みは十分ある」

確かに、ケロシンストーブで威勢よく火を焚いても、その下では、表面の雪が少し解ける程度で、氷自体はまったく問題なさそうだった。パドマが手早く淹れてくれたブラックティーを飲み、湯気の立つメギをすする。身体がふうっと温まり、背中や肩口の緊張がゆるむ。

チャダルでもっとも危険な難所、オマは、ほんの二、三百メートルほど先に見えていた。この復路でも、川岸から二、三メートルほどの幅で、氷が残ってくれている。これなら、すんなりと歩いて通り抜けられそうだ。

「オマは、しばらく大丈夫そうだね。よかった」

「今は、な。この雪だから、明日はどうなるかわからんが。俺たちはツイてるよ」とパドマ。

氷の塊を浮かべた川の水が、シャリシャリとかすかに音を立てながら、目の前を流れていく。気がつくと、雪は、少し小止みになってきていた。


歩きはじめて約四時間後、僕たちは、ニエラクの村の麓、ニエラク・プルに着いた。パドマが村人と話をつけてくれて、彼らが納屋として使っていた古い石造りの小屋を、今夜の寝ぐらに使わせてもらえることになった。恐ろしく天井の低い、小さな小屋で、腰を直角に曲げなければ、中を歩き回ることすらできない。電気はもちろん、窓もない。でも、雪をしのいで三人が並んで眠るには、十分だった。

「……ゾクパ。山の上の、ニェラクの村に行ってこい。ジャガイモを持ってる家があったら、少し分けてもらってくるんだ」ケロシンストーブのバルブをいじりながら、パドマが言う。

「集落まで、どのくらいの距離があるの？」と僕。

「登りは、片道一時間くらいだな。帰りはその半分だ。タカ、お前も行きたいのか？」

「今日はまだ、余裕があるしね。村も、できれば見ておきたいな。雪もだいぶ止んできたし」

「わかった。ゾクパ、タカを案内してやれ。俺はここで、メシの支度をする。六時には暗くなるから、それまでに戻ってこいよ」

カメラとヘッドランプを入れたショルダーバッグだけを肩にかけ、ザンスカール川の南側にそびえる斜面を、ゾクパと一緒に登りはじめる。下から見上げた時は、そこまでの距離も高低差もないように感じていたのだが、実際に登ってみると、斜面は三段構えに近い地形になっていて、やっと越えたと思ったら、また次の斜面が待ち構えている。斜面は、場所によってかなり急で、雪も多く、危なっかしい。ゾクパは時々ふりかえりながら、僕に安全な足場を教えつつ、ひょいひょいと先を進んでいく。

「ゾクパ！　ユル、タクリン（村、遠いよ）！」

「マー・タクリン（すげえ遠い）！　カー・マンポ（雪も多い）！」

ようやく辿り着いたニェラクの村には、山上のなだらかな地形に、赤褐色の染料で縁取られた窓を持つ古い家々が建ち並んでいた。村で聖木と崇められているらしい、立派な枝ぶりのシュクパの木もある。一軒の家の戸口で、分厚いゴンチェに上着を重ねた小さな女の子が、同じようにゴンチェを着た母親と一緒に、僕とゾクパを見つめていた。

チャダルを除けば、一年の半分は外界との道が閉ざされてしまうこの地に、最初に根を下ろしたのは、どんな人々だったのだろう。何を思って、ここで生きていこうと決めたのだろうか。

ゾクパと僕は、何軒かの家々を訪ね歩き、ジャガイモとツァンパを少しずつ売ってもらうことに成功した。腕時計を見ると、もう六時十分前。ヘッドランプを頭に巻き、雪の中を小刻みに走りながら、二人で斜面を下っていく。

「ゾクパ！　俺たち、フッシャル（働き者）だよな！」

「だね！　一日歩いてきて、村まで登って、イモまで手に入れて！」

「なのにさ！　パドマは今、下で、のんびりくつろいでやがるんだぜ！」

「パドマ、カムロッコ（ひどい）！　ミー・ソクポ（悪いやつ）！」

「今日の晩飯、フッシャルの俺たちはイモと米で、パドマはツァンパだけにしてやろうぜ！」

「そうだ！　パドマ、ミー・ソクポ！　今日の晩飯、ツァンパだけ！」

すっかり暗くなった雪の斜面を、僕たちは大笑いしながら、転がるように駆け下りていった。

二月八日

夜の間に、雪は止んだようだった。小屋の外に出てみると、雲とも霧ともつかない白い塊が、谷間をふわふわと漂っている。その切れ間から、少しずつ、青空が見えはじめていた。

身体を屈め、天井の低い石小屋の中に戻る。パドマはケロシンストーブで火を熾し、昨夜作ったジャガイモのカレーの残りに、小麦粉を練ってちぎったものを足し、テントゥクに仕立てている。鍋から立ち上る、白い湯気。ゾクパはまだ、寝袋の中だ。

「晴れてきそうだよ」梁に頭をぶつけないように用心しながら、奥の地面に敷いたズタ袋に腰を下ろす。「今日は、どこまで歩くつもり?」

「ティップ・バオだな。前に俺たちが苦労した場所の氷も、昨日の時点では問題なかったと聞いてる。普通に歩ければ、五時間くらいで余裕で着くだろう」

「そうか。なら、急ぐ必要はないね」

確かに、ここまで来れば、急ぐ必要はない。何もトラブルが起こらなければ、明日の夕方までには、終点のバクラ・バオに着く。そこから先は、車さえ捕まえられれば、あっという間にレーの街だ。旅の終わりが、確実に近づいてきている。

ゆっくりとテントゥクをすすり、身支度に取りかかる。荷造りとソリの準備を終える頃には、空はすっかり晴れ上がっていた。十時頃、ニェラク・プルを出発。集落のある斜面から、ザンスカール川の氷の上に降り立ち、ソリの跡を見定めて、歩きはじめる。

氷と雪に覆われた鋭い岩峰が、朝の光に白く輝きながら、空を貫くようにそびえ立っている。陽当たりのいい川岸では、手袋を外していても平気なくらいだが、陽射しの届かない谷間の影に入ると、とたんに体感温度がぎゅっと下がる。昨日大雪が降った割に、川はそれほど増水していないようだ。氷の状態も悪くない。僕が足を載せても、軋んだり、亀裂が入ったりするような場所は、ほとんどない。少し前を行くパドマとゾクパも、ココココォーッ、と音を立ててソリを引きながら、のんびりとリラックスした様子で歩いている。往路でこの一帯を歩いた時に味わった苦労を考えると、今日は順調すぎて、逆に不安になるほどだ。

途中、何組かのインド人グループとすれ違う。彼らの多くは、分厚いゴーグルの上からでもわかるほど、疲れて不安そうな表情を浮かべている。「どうして自分は、こんな場所に来ちゃったんだろう？」とでも言いたげに。

その中の一人、サイズのきつそうな防寒服をぴちぴちに着込んだ男が、ヒンディー訛りの英語で僕に訊く。

「ねえ、ニェラクというところまで、あとどのくらい？」

「もう、すぐそこですよ。一、二時間くらい」

「道は、氷はどう？　危なくなかったか？」

「全然。問題ないです」

「そうか……。君は、ニェラクというところまで行って、これからレーに戻るのか？」

「ええと……ええ、そうです」

今日までの僕たちの旅について、かいつまんで説明しても、たぶん、彼には半分もわかってもらえないだろう。あまりにも、いろいろ、ありすぎた。

二時間半ほど歩き続け、湾曲している川のそばの広い河原で、小休止。荷物を脇に置き、岩に積もった雪を払って、腰を下ろす。パーカの肩口と背中に当たる陽射しが、暖かくて心地いい。ゾクパは川で水を汲み、パドマはケロシンストーブで、メギを作る準備をしている。

「おい、タカ！」暇つぶしの冗談を言う時のいつもの声色で、パドマが大声で言う。「お前、もうすっかり、日本の家のこと、忘れちまったんじゃねえか？」

「忘れるわけねえっての。俺、去年、結婚したばかりなんだぜ？」

「日本では、だろ！　お前、ラダックとザンスカールに、いったい何人、ヨメがいるんだ？」

「マー・カムロッコ（超ひでえ）！　おいゾクパ、お前の親戚、ひどくね？　俺、一応、あいつの客なんだぜ？」

「パドマ、ミー・ソクポ（悪いやつ）！　タカ、パドマがどんなに悪いやつか、本に書いてやれよ！　あと、フェイスブックにも！」

「それだけじゃ、生ぬるい。ユーチューブもだ。今、ここで動画を撮って、全世界にパドマのディッパー（悪行）を広めてやる！」

こんなくだらない会話で、僕たち三人は、軽く涙を流すほど、腹を抱えて笑い合う。この、どうということのない、でも愉しい時間を重ねていく旅も、もうすぐ終わる。口には出さなくても、僕たちはそれぞれ、確かにその時を意識しはじめていた。

川べりの雪の上に、ひとすじの獣の足跡が、点々と続いている。ふっくらと大きなその足跡の周囲で、獣の体重を支えきれなかった雪が、ひび割れて陥没している。

「雪豹だ」立ち止まって、パドマが呟く。「ほら。足跡に沿って、尻尾を引きずった跡がある」

「まだ、いるんだね。このあたりには」

人間の気配を嫌う雪豹が、その姿を晒すことは、めったにない。だが、このチャダルでは、彼らが最強の獣だ。雪豹が少しでもその気になれば、人間など、ひとたまりもない。彼らは今、この時も、はるか上方の岩陰から、僕たちの様子をじっと窺っているかもしれない。

この日の行程では、午後に入って、氷の上に水がせり上がっている場所が一カ所あった。ほんの数十メートルほどの距離で、水深は、ラバーブーツを履いた脛が半分浸かる程度。僕が歩いて通り抜けるには特に問題なかったが、重いソリを担いで水の中を歩くパドマとゾクパは、うっかり転ばないように神経を使わなければならなくて、少し大変そうだった。とはいえ、きわどかったのはそのくらい。三時過ぎには、ティップ・バオの洞窟に着くことができた。

ザンスカール川の対岸、洞窟から数百メートルほど先の河原には、グループ向けのキャンプサイトと茶店のテントが見える。一つか二つのグループが、到着しているようだ。

「あっちのグループのポーターたちが、ここに泊まりに来るかもしれないな」

「じゃあ僕は、すぐ下の空き地に、自分のテントを張るよ。その方が、落ち着いて寝られそうだし。晩飯の時間になったら、またここに来る」

洞窟の麓でテントを組み立てていると、川上と川下から、二人、三人、とザンスカール人が次々にソリを担いでやってきた。「ヤー、ジュレー！」と呼ばわりながら、それぞれ洞窟に入っていく。パドマたちを含めると、全部で十人くらいだろうか。ティップ・バオは、チャダルの行程の中でもかなり大きな洞窟の一つだが、それでも今夜は満員という状態だ。

テントの中で寝袋にもぐり込み、川の流れる音を聞きながら、ノートを整理したり、ほとんど読んでいなかった文庫本をぱらぱらめくったりして過ごす。一人の空間に入れば落ち着くと思っていたのだが、逆に、とりとめのない考えが次から次へと頭をよぎり、もやもやとして、何もまとまらない。ザンスカール。チャダル。ルンナク。プクタル。これだけ旅を続けてきても、僕はまだ、何一つ、わかっていない。それとも、本当は心のどこかで、気づいているのだろうか。

ふと我に返ると、テントの中は、文庫本の文字がほとんど読めないほど、薄暗くなっていた。寝袋を這い出し、テントの外に出る。澄み渡った空から、夜の帳が下りてきている。洞窟まで上がってみると、中では二つの焚き火が燃えていた。男たちは、炎のそばに腰を下ろして手をかざしながら、たわいないおしゃべりに興じている。チャダルパたちは、明日からの天気や行程、手持ちの食糧の話などは、あまりしたがらない。そういう話題で気分を暗くするより、どうでもいい噂話やバカ話、エロ話をして、笑って過ごす方が好きなのだ。

奥の焚き火の近くに座って、男たちの一人と話していたパドマが、僕に気づいた。

「おう、タカ。ついさっき作ったブラックティーが少しあるけど、飲むか？」

「ありがとう。いただくよ」

彼は立ち上がると、小さな鍋に残っていたブラックティーをケロシンストーブで少し温め、コップに注いで、僕に差し出した。僕たちは、奥の焚き火から少し離れた場所に並んで腰を下ろした。

「今夜は、米と、ダールと、ジャガイモのカレーだ。もう、だいたいできてる」

「豪華だな。いいねえ」

「毎日、同じような料理ばかりだけどな」

「十分だよ、チャダルでは」

洞窟の外、対岸のキャンプ地に、ぽつん、と明かりが一つ見える。あっちでも、火を焚いているのだろう。入口近くの焚き火で、パチッ！と薪から火の粉が派手に爆ぜ、男たちがおどけた声を上げた。ゾクパも、彼らの輪の中にいる。さっきまでパドマが話していた男は、奥の焚き火の前であぐらをかき、ビリというインドの安煙草を吸いながら、火にかけた鍋で何かを煮ている。

「そこにいる彼は、知り合いなの？」

「昔、一緒にチャダルを旅した。七、八年前だったかな。ほかの連中も、たぶん前に、チャダルのどこかで会ってるだろうと思う」

外はもう、海の底のような青い闇に、とっぷりと浸されていた。橙色の焚き火の光が、煤けた洞窟の天井と、男たちの横顔を照らし出す。

「タカ。これが、ザンスカール人のミツェ（人生）だよ」

その言葉に、僕は思わず顔を上げ、焚き火を見つめるパドマの横顔を、その目に映る橙色の光を見た。

こんな当たり前のことに、なぜ今まで、気づけなかったのだろう。

彼は、チャダルの旅を、心から愛していたのだ。彼が人生の大部分を過ごしてきた、この岩と雪と氷の世界を。気の遠くなるほど昔から、ザンスカールの名もなき旅人たちが、知恵と経験と勇気とともに受け継いできた、この冬の旅を。

あと何年かたって、ザンスカール川沿いの道路が完全に開通したら、チャダルの旅は、すっかり失われてしまう。パドマのような本物のチャダルパたちも、姿を消していく。

涙がにじみそうになるのを、必死にこらえた。ごまかすために、立ち上がって、洞窟の入口に歩いていき、空を見上げる。

三日月が、西の山の端の上に浮かんでいた。星が、一つ、また一つと、瞬きはじめていた。

二月九日

朝、テントの外に出てみると、川の対岸のはるか上方にある岩峰の頂が、暁の光を受けて、茜色に染まっていた。銀色のナイフの刃のように、鋭く研ぎ澄まされた空。寒い。

昨日の夜は、この旅の中でも、一番の冷え込みだったかもしれない。テントの中でも、エアマットと寝袋越しに、地面から冷気が這い上がってきて、何度も目が覚めてしまった。手持ちの服をあるだけ無理やり着込んでも、ようやく少しうとうとできた程度だった。

洞窟の方に上がってみると、パドマは、チャパティの生地を油で揚げるプーリーを作る支度をしていた。僕の姿を見て、鍋に作ってあったチャイをコップに注ぎ、差し出す。

「ジュレー、パドマ。タンモラ（寒いな）」

「だな。今日は結構、風もある」

「でも、この冷え込みなら、氷は心配なさそうだね」

「ああ。今日が最後だしな」

チャイの入ったステンレスのコップを両手で持ち、冷えた指先を温める。洞窟に泊まっていたほかの男たちも、一人、二人と起き出して、朝飯の支度を始めている。朝が苦手な人も多いようで、「ロン（起きろ）！」と呼びかけられても、寝袋から顔も出そうとしない男もいる。そういえば、ゾクパもこの旅の間、ほとんど毎朝そうだった。

チャイとプーリー、昨夜の晩飯の残りを温めたものを食べてから、自分のテントの撤収に取りかかる。風が強くて、外したフライシートは激しくあおられるし、手袋をしているのに指がしびれるほどかじかんで、うまく動かせない。いつもの何倍も時間をかけて、ようやく一式まとめ終え、収納袋に詰める。

九時過ぎ、ティップ・バオを出発。ほかのチャダルパたちも、それぞれ荷物を積んだソリを引いて、先へと歩いていく。ココフォーッ、とソリの滑る音と、「キキソソ・ラーギャロー(神に勝利を)!」と叫ぶ男たちの声が、氷の谷間に響き渡る。そびえ立つ岩峰と、群青の空。透明な陽射しが、雪原を眩く照らし出す。何という、美しい朝なのだろう。

チャダルの氷の状態は、今日も、とてもいい。往路で苦労した、ホトン・ゴンマやホトン・ヨグマといった洞窟の付近も、まったく足止めされずに通り抜けることができた。ただ、今日は風が猛烈に強くて、実際の気温以上に寒く感じる。パーカのフードをかぶっていても、頬の皮膚が裂けるかと思うほど、ひりひり痛む。手袋の中でも、指先がなかなか温まらない。時々、太腿のあたりに両手を叩きつけて、指先の感覚を取り戻そうとしてみる。

雪の積もった大小の岩が転がる、広々とした河原。垂直の断崖に挟まれた、ほんの二十メートルほどの幅の谷間。白い敷布のようなチャダルの氷は、右に左に湾曲するザンスカール川の流れに沿って、まるで遊歩道のように滑らかに続いている。

歩きはじめてから三時間ほどで、往路で最初に泊まった洞窟、パルダル・ツォセの麓の河原に着いた。救護テントはあいかわらずあるが、人影はあまり見えない。

「何だか、懐かしいね」と僕。「ここの河原で、昼飯にするの?」

「俺もそう考えてたんだが」パドマが周囲を見回す。「ここは吹き晒しだからな。今日の風向きと強さだと、寒すぎるし、火も扱いにくい。もう少し先に行ってもいいか? 地形的には、たぶんあっちの方がいい」

「全然いいよ。確かに、ここは寒いな」

僕たちは、さらに一時間ほど歩き続け、別の救護テントとキャンプサイトのある、シングラと呼ばれる場所に着いた。風をいくらかでもしのげそうで、なるべく陽当たりのいい岩場を探し、ようやく小休止。ゾクパは「タンモ、タンモ」と言いながら、川から水を汲んでくる。パドマは、その水を沸かしてブラックティーを淹れ、別の鍋でマカロニを茹ではじめた。

「メシが遅くなったな。すまない」

「大丈夫。寒いけど、氷の状態がいいから、歩くのは楽だし。それに、もうすぐだしね」

「そうだな。あと、もう一時間くらいだ」

このキャンプサイトにも、ほかのトレッカーの姿は、あまり見えなかった。何人かのザンスカール人の男が、大きなズタ袋を片手に、歩き回っているのが見える。

「……あれは？」

「ゴミ拾いだ」とパドマ。「チャダルは一時、トレッカーが増えすぎて、そいつらがそこら中にゴミを捨てて、ひどいことになってたんだ。今は、旅行会社の人間が責任を持って、ゴミを持ち帰るルールになってる。それでも残るゴミは、あいつらが、ああやって回収してる。それなりの報酬はもらえるらしい」

「なるほどね……。あっ、ブルー・シープだ」

キャンプサイトの背後の急斜面を、大小五頭のブルー・シープが、ゆっくりと横切って歩いている。彼らの体躯は、アイベックスよりほっそりとしていて、雄の角も、ずっと小さい。うっすらと青みがかった褐色の毛並みは、遠目には岩肌と同化して、全然見分けがつかない。

「見送りに来たのかもな、俺たちを」冗談めかして、パドマが言う。

蹄でぱらぱらと小石を蹴り落としながら、ブルー・シープたちは、悠々と斜面の向こう側に消えていった。


最後の行程を、歩きはじめる。

パドマとゾクパは、ココフォーッ、と音を立ててソリを引きながら、僕の少し前を歩いている。足元の氷はがっしりしていて、軋んだり、ひび割れたりする気配は、まったくない。表面の雪が少なめなので、うっかり足を滑らせないように重心を低くして歩いているが、注意しているのは、その程度。風はあいかわらず強いものの、燦々《さんさん》と陽が射しているおかげで、いくぶん暖かく感じる。

氷の川の上を歩き続ける緊張から早く解放されたい、という思いと、三人での旅の時間がもっと続けばいいのに、という思いが、交互に押し寄せる。僕が今見ているのは、夢なのかもしれない。夢ならば、もう少しだけ、覚めないままでいてほしい。自分でもよくわからない、ぐちゃぐちゃな気分で、僕はチャダルを歩き続けていた。

急に、どこからか、鉄と鉄とが軋み合うような甲高い音と、低い唸り声のような轟きが聞こえてきた。顔を上げると、川の左岸の上方に、ショベルカーとブルドーザーが一台ずつ見えた。道路工事のために、崖を掘削しているのだろう。その二台の重機の人工的な音が、まるで目覚まし時計のアラームのように、僕を一気に現実に引き戻した。

右岸にあるバクラ・バオの洞窟の前を、通り過ぎる。左岸に、車道のある場所へと上がる小径が見えてきた。終点だ。

「よおし、着いたー！」ソリの引き紐を身体から外して、ゾクパが伸びをする。

「着いたなあ……」サングラスを頭の上にずり上げながら、パドマが呟く。

「……二人とも、ほんとに、オブギャル！」

手を差し出し、パドマと、ゾクパと、それぞれがっちり、握手を交わす。三週間以上続いた、極限の旅の緊張感からようやく解き放たれて、ほっとする。川に落ちる恐怖とも、雪に凍える恐怖とも、もう、戦わなくていいのだ。

僕たちはこの旅を、やり遂げた。徹底的に、やりきった。

それなのに……何だろう、この気分は。

斜面を登って、二軒ある茶店兼簡易宿泊所のテントがある場所に行く。僕たちのほかには、少人数の欧米人のグループが一組いるくらいで、人影はまばらだ。テントの脇には、車がそれぞれ一台ずつ停まっている。

「店のやつに聞いてきた」先に行っていたパドマが、茶店のテントから顔を出した。「俺たちで一台チャーターするなら、これからすぐ、レーまで車を出してもいいと言ってる。ただ、明日の昼には、別のグループを乗せた車がここに来る可能性がある。今夜ここに泊まって、明日来るかもしれないその車を捕まえられたら、その方が少し安いとは思う。どうする？」

ショベルカーとブルドーザーの音が、道路の南端にある工事現場から、間断なく響いてくる。あの音をずっと耳にしながら、ここでもう一日過ごすのは、無理だ、と思った。

「今日、戻ろう。レーに」僕は言った。「パドマ、運転手に話をつけてくれ。頼むよ」

パドマはほんの一瞬、意外そうな顔をしたが、すぐに納得したように言った。

「わかった。ゾクパ、ソリから荷物をほどけ。あの車に積むぞ」

ほんの二、三十分ほどで、僕たちは荷ほどきを終え、必要なものをすべて車に積み込んだ。カメラザックを膝の上に抱えながら、助手席に座る。四時少し前、車は、レーに向かって出発した。

パドマとゾクパは、疲れもあってか、車に乗ってからは何もしゃべらず、ずっと黙りこくっている。僕も無言で、フロントガラス越しに広がる冬の景色を、ただ、ぼんやりと眺める。

道路の右の崖下に、チャダルの続きが見えている。雪の積もった氷の表面は白くなめらかで、歩きやすそうだな、と僕は考える。でも、そこには、足跡やソリの跡は、一つもついていない。人々はみな、僕たちが今走っている道路を、車で行き来する。あの場所の氷の上に降り立つ者は、誰もいない。

僕はもう、チャダルを歩くことはないのかもしれない、と思う。ついさっき、歩き終えた直後に感じていた解放感と安堵感は、いつのまにか、すっかり消えてしまった。言いようのない寂しさが、胸のうちで、膨らんでいく。

「ミ・ミツェ・リンモ。キャン・ンガマ・リンモ」

人生は長い。キャン（チベットノロバ）の尻尾も長い。十一年前の旅の時、パドマが教えてくれたザンスカールの古い諺を、口の中で呟く。

冬の旅が、終わった。

東京では、いつのまにか、桜が咲きはじめていた。

冬のザンスカールでの旅を終えた後、僕は、別の取材の仕事でインド北部の街をいくつか巡り、三月中旬に日本に戻った。出発前より、体重は五キロ減っていた。帰国を待ち構えていたかのように、大小いろいろな仕事が押し寄せ、それらに追われるように過ごす、せわしない日々がまた始まった。

東京の自宅マンションでの生活には、何の不満もない。電気とガスと水は、二十四時間途切れることなく部屋に届く。浴室では、朝も夜も熱いシャワーを浴びることができる。暑くても寒くても、エアコンをつければすぐ快適になる。好きな音楽やラジオはミニコンポでいつでも聴けるし、パソコンは光回線でインターネットにつながっている。冷蔵庫には野菜や卵や牛乳やビールが入っているし、足りなくなれば駅前のスーパーに行けばいい。一つ隣の駅にはデパートや商店街、映画館があって、買い物や気晴らしは、たいていそこで事足りる。家族もいる。友達もいる。何の不自由もないし、何の不満もない。

電車に揺られながら、窓の外を流れていく仄白い桜並木を、ぼんやりと眺める。

あの冬の旅は、すべて夢だったのかもしれない、と思う。旅の中で味わった一つひとつの経験の鮮烈さ、生々しさが、あまりにも振り切れすぎてしまっていて、逆に現実のできごととして、いまだにうまく咀嚼しきれない。

でも、ザンスカールで暮らす人々にとって、あの世界は、現実で、ごく当たり前の日常で、そして、人生でもある。

あの旅の後、パドマとゾクパとの別離は、とてもあっさりしたものだった。

ザンスカールからラダックのレーに戻った翌々日の昼、僕は、パドマがレーで借りている部屋を訪ねて、二人に旅の報酬を手渡した。ゾクパは庭でたらいを使って、両手を真っ赤にしながら、大量の服を洗濯していた。パドマは、旅の時とまったく同じ手際で、米飯とダールを作ってふるまってくれた。僕たちは、インスタントコーヒーをすすりながら、ザンスカールの旅の思い出話とかではなく、本当にどうでもいい、たわいないおしゃべりをして過ごした。

「じゃ、またな」「ああ、また」

まるで、次の日もまた会うかのような軽い挨拶を交わして、僕たちは別れた。あの土地の人間は、大げさに別離を惜しむようなことは、めったにしない。現世か来世かわからないけれど、いつかまた、お互いの人生が交差する時は、必ず来る。みな、どこかでそう思っているのかもしれない。

冬の旅の途中から、ずっと、ミツェ（人生）について考えていた。

あれほどまでに強大な自然に囲まれた土地で、わずかな畑と家畜とともに慎ましく暮らす人生に、意味はあるのか。辿り着くことさえ困難な山奥のゴンパで、瞑想と仏への祈りにすべてを捧げる僧侶たちの人生に、意味はあるのか。パドマのようなチャダルパたちが、岩と雪と氷の世界を旅して過ごしてきた人生に、意味はあるのか。

今なら僕は、「ある」と言い切れる。あるに決まっている。ほかの誰かを傷つけたり貶めたりするものでないかぎり、意味や価値がまったくない人生など、この世にあるわけがない。逆に、僕たちのようにすべて満ち足りた環境で暮らしている人間の方が、生きる意味を見失いやすい。

人生に意味があるかどうかの基準がこの世にあるとしたら、それは、その人が、どれだけあるがままに、まっすぐに、自らの人生を生きているか、ということに尽きる。

彼らは確かに、そこで、生きていた。これ以上ないほど、鮮やかに、ありありと、彼ら自身の人生を生きていた。

長きにわたって隔絶された土地だったザンスカールにも、急激な変化の波が押し寄せてきている。外界との間をつなぐ道路の延伸。続々ともたらされる物資と情報。大挙して訪れる観光客。車、テレビ、携帯電話……人々の暮らしも、この十数年で、大きく変わった。

その一方で、各地の村々では、慢性的な人手不足から、家畜や畑を手放す家も増えている。

地球温暖化による氷河の減少で、水源が枯渇し、深刻な水不足に陥っている村も少なくない。すべての変化が、悪いというわけではない。交通や物流が便利になることで、急病人や怪我人が命を救われる場合もあるだろう。ザンスカールの未来を選び取るのは、ザンスカールの人々自身であるべきだ、とも思う。ただ、もしこのまま、押し寄せる変化の波がまったく制御されないままであったとしたら、ザンスカールでは、多くのものが失われてしまう。一度失われてしまうと、取り戻しようのないものが。

ザンスカールが変わってしまうことは、もう、誰にも止められないのかもしれない。でも、いや、だからこそ、僕は、見届けておきたかったのだ、と今になって思う。写真を撮り、文章で記録し、拙いながらも、どうにかして、伝えたかった。

彼らの人生が、確かに、そこにあったことを。

ザンスカールの人々は、運命に与えられたあの場所で、震えるような命の鼓動を感じながら、それぞれの人生を生きている。

冬の旅　ザンスカール、最果ての谷へ

2020年4月25日　初版第1刷発行

文・写真　山本高樹

発行者　安在美佐緒
発行所　雷鳥社
〒167-0043
東京都杉並区上荻2-4-12
TEL　03-5303-9766
FAX　03-5303-9567
HP　http://www.raichosha.co.jp
E-mail　info@raichosha.co.jp
郵便振替　00110-9-97086

デザイン　あきやまなおこ
地図作成　高棟 博（ムネプロ）
印刷・製本　シナノ印刷株式会社
編集　益田 光

協力　パドマ・ドルジェ
ゾクパ・タルチン
ロブザン・ツルティム（Adventure Travel House）
ツェワン・ヤンベル（Hidden Himalaya）
上甲紗智（Hidden Himalaya）
小林美和子

ISBN 978-4-8441-3765-8 C0026　